JN233235

未来科学と教育戦略

東京電機大学のシステムデザイン

東京電機大学経営企画室 編

TDU 東京電機大学出版局

まえがき

資源の乏しいわが国において、世界に冠たる日本の技術力を支えてきたのは、〈優れた科学技術者〉である。とくに第二次世界大戦後の復興期から東京オリンピックが開催された１９６０年代、１９７０年代の高度経済成長期、さらに１９８０年代前半にかけては、尽きることのない人材需要に応えるために、大学を中心とした工学教育により、多くの技術者の育成と輩出が行われてきた。この結果、大学等の急速な規模の拡張が行われ、とりわけ理工系は他分野に比して著しい成長をとげた。

その後の日本は、国際化、情報化の急速な進展に伴い、海外への技術流出が始まり、産業の空洞化を迎えることになる。いわゆる「失われた十年」を経験した。それでも日本の大学は、文部省（現文部科学省）の護送船団に護られながら、18歳人口の急増期に合わせて規模を拡張させてきた。少なくとも大学では、18歳人口が急減し始めた１９９０年代においても、いわゆる「バブル時代」が続いていたのである。

18歳人口が１９９２年に２０５万人というピークを経た後は、一転して急減期を迎えたにもかかわらず、多くの大学が適正規模へ適応する術とタイミングを見失ったといえる。

この間、工学分野では学際化が進行し、一つの分野を専攻すれば技術者として足りるという時代は終焉した。手先の器用な日本人特有の〈ものづくり〉精神は、もはや世界に通用しない。いま、工学技術者に求められているのは、複数の〈ものづくり〉分野を「インテグレートする能力」や、「工学をシステムとしてデザインする能力」である。工学教育が果たすべき役割が変容したともいえる。

今や〈大学改革〉は花盛りである。改革を実行していない、あるいは改革しようとしない大学の末路は閉校、解散、合併、統合以外には道は残されていない。

本書の副タイトルを「東京電機大学のシステムデザイン」としたのも、従来の学部・学科の枠が、学際化・システム化に対応しきれずに、不適応を起こしてきたのではないかという反省から、2007年の創立百周年を機に実行する教育戦略の総括書であるという位置づけからである。

東京電機大学においては、遅ればせながら他のいかなる大学も追随できないという自負を持ち、極めてドラスティックな大学改革を実行することを決意した。すなわち、第一フェーズとして2007年4月に神田キャンパスに「未来科学部」を新設すると同時に、既設の全学部・学科のスクラップ&ビルドを行う。次に実施する第二フェーズ、第三フェーズと、本学は未来永劫、常に進化し、時代のニーズに合致する「柔構造の組織体」として生まれ変わろうとしている。

本書は改革に際してとかく見失われがちなこと、すなわち「東京電機大学は、どのような伝統を有し、どのような大学であったのか。」そして今は「どのような大学であり、これからどのような大学に変わろうとしているのか。」その全容を電機学校の設立時までさかのぼり、世に示し、意識共有に際してのメルクマールとなることをも願って発行するものである。

本学は工学分野の学際化の進展と大学進学適齢人口の恒常的な減少期において、既存の学部・学科組織を温存しながら、それらを抜本的に再編成することなく、新たな学部・学科を設置してきたいわゆる拡充政策をとってきた。その結果は、本文中にも触れてあるが、入学志願者数の漸減から急減を迎える時期に、拡張した器に入る水がない、すなわち「渇水の危機」にさらされることとなった。

私たち「東京電機大学人」は、このような危機意識をしっかりと認識しつつも、むしろこれをスプリングボードとして、本学の歴史が始まって以来の大規模な改編を実行することを全教職員の心を一つにして決断した。この改革は、本学発祥の電機学校の設立時と、それに続く当時の工業教育への熱意を改めて呼び起こし、原点に回帰し、未来に向って成長しようとするものである。すなわち、学生、教職員、学生の父母、卒業生等を含むすべての東京電機大学人が心を一つにして、かつて掲げた理想教育の精神、「生徒第一主義」、「教育最優先主義」、「実学重視」、そして「技術は人なり」を改めて21世紀の教育にふさわしい形で再現しようとしているのである。

高度情報化社会、高年齢化社会を迎え、時代のニーズも刻々と変わりつつあるなかで、東京電機大学は「いかなる変化も受け止めて、柔軟に持続しながら発展していく」ことを目指すものである。私たちの後に続く世代へ引き継ぐべきこと、それは「人類がいかにして快適で安全で、安心しながら生活できるか」を実現することである。そのための人材を育成することが本学の使命である。私たち「東京電機大学人」が目指すところが、「新たな姿」として思い描いていただければ、この本の役割は達成できたといってもよい。

本書ができる限り多くの人の目に触れ、これからの工学教育を考えるうえでヒントになれば、関係者一同、望外の喜びである。

2006年4月28日

執筆者を代表して　経営企画室長　大松雅憲

目次
Contents

第3章　理想の教育を目指して―明治40年の学園創立プロジェクト――55

第6章

本学独自の教育・研究システム事例――149

◎執筆者

本書の執筆は、東京電機大学経営企画室が中心に執り行いました。具体的執筆作業は、まず分担執筆者が第一稿を作成し、経営企画室が中心となって学内の意見をとりまとめ、議論を重ねて推敲することで決定稿としました。

分担執筆者を以下に明記することで、その労をねぎらいたいと思います。

特に、1章の執筆にあたっては、溝口勲夫氏、4章、7章のインタビュー及び原稿作成にあたっては松井千津子氏のご協力をいただきました。

短期間で本書が刊行できたのは、お二人の全面的な協力があったからです。重ねてここに感謝申し上げます。

1章　溝口　勲夫〔経済社会活性化研究所主席研究員〕
2章　大松　雅憲〔経営企画室室長〕
3章　田丸健一郎〔経営企画室課長〕
4章　原島　文雄〔東京電機大学学長〕（速記・編集　松井千津子）
5章　野村　浩康〔東京電機大学理工学部教授〕
　　　市野　　学〔東京電機大学理工学部教授〕
6章　田丸健一郎〔経営企画室課長〕
7章　加藤康太郎〔学校法人東京電機大学理事長〕（速記・編集　松井千津子）

第1章

TOKYO DENKI UNIVERSITY

日本の経済、社会の発展を支えた科学技術と教育

戦後高度経済成長期の日本

第二次大戦で壊滅的な打撃を蒙った日本経済の再生は、まさにどん底状態からの挑戦であった。敗戦直後の鉱工業生産は、1935（昭和10）～1937（同12）年の平均に比べて30％程度という有様だった。1946（昭和21）年の粗鋼生産量は年間56万トンで、1936～1938年平均の10分の1にまで落ち込んでしまい、製鉄所のシンボルである高炉37基のうち、細々ながら稼動していたのは、たったの3基に過ぎなかった。こうした生産縮小に加えて、インフレ、食糧難、失業など惨憺たる状態から雄々しく立ち上がり、その後、全世界が驚愕するほどの高度成長を達成し、奇跡的な発展を遂げたのである。

世界にも例のない目覚しい復興の伏線となったのは、GHQの民主化政策による経済構造改革である。農地改革と労働改革は国民の所得水準向上、内需拡大をもたらし、財閥解体は企業間の自由競争を保障した。さらに、1947（昭和22）年1月の石炭、鉄鋼に資材、資金を集中投入する傾斜生産方式の実施と、東西冷戦に伴う米国の日本経済自立促進策への転換も立ち直りの追い風になった。そして1950（昭和25）年6月の朝鮮動乱の勃発で国内外の情勢は様変りし、輸出と特需の急増により日本経済は生産拡大、成長へ向い始める。生産は同年10月には早くも戦前水準を上回り、とりあえずは経済復興を果たした。

1950年代半ばになると、世界的な景気上昇を背景にわが国の輸出は次第に拡大し、農業の豊作も幸いして「インフレなき拡大」と「消費景気」の恩恵に浴する。民間設備投資の拡大、技術革新や重化学工業化の進展などにより、1955（昭和30）年の一人当たりGNP（国民総生産）は戦前の水準を回復し、翌年の経済白書は「もはや戦後ではない」と、強調した。これに伴い、わが国工業の重化学工業化が急速に進展、1961（昭和36）年には重化学工業化率は62・8％に達し、米国、ソ連と並ぶ有数の重化学工業国に躍り出る。さらに1960（昭和35）年に池田勇人首相が国民所得倍増計画を発表し、日本中に経済復活を実感させると同時に企業の本格的な設備投資を促した。

この結果、1950年代半ばから1960年代を通じて、実質経済成長は年率10％台を維持し続け、1968（昭和43）年には西独を抜いて米国に次ぐ自由世界第2位のGNP大国に躍進した。こうした目を見張るような高度成長は、先進国に追い付け、追い越せを合言葉に国を挙げて挑み続けた成果だが、具体的には、先進的な欧米技術の導入と改良のイノベーションによる品質・生産性の向上、第一次産業から第二次産業への大量の人口移動と人口急増による優秀で安価、かつ豊富な労働力の供給、財政投融資や民間設備投資の積極的な拡大などであろう。

これによって冷蔵庫、洗濯機、テレビの三種の神器が飛ぶように売れ、大衆消費社会が到来するとともに、労働力不足を補うために女性の職場進出も進んだ。その反面、公害問題の多発、過密・過疎の進行、農山村の荒廃、二重構造の格差、物価上昇、貿易摩擦など、様々なひずみをもたらした。その日本経済にさらなる追い討ちとなったのが、1970年代初頭の頭越しの訪中、円切り上げという二つのニクソン・ショックと、二度にわたる石油危機である。とくに1973年の第一次石油危機は、田中角栄首相の「日本列島改造論」ブームにより、土地高騰、物価騰貴が深刻化する中で、石油価格が大幅に引き上げられたため、狂乱物価、財政赤字に陥り、1974年にはついには戦後初めてのマイナス成長を余儀なくされてしまった。

第一次石油危機を契機とする不況は、1975年には戦後最悪といわれるほど深刻化したものの、減量経営など大胆な合理化、不況対策に踏み込み、日本経済は未曾有の危機をなんとか克服した。その後の1979年の第二次石油危機も、省エネルギー対策の推進、思い切った金融引き締め政策の断行により乗り切り、日本経済の底力、復元力を国内外に見せつけた。しかし、資源、エネルギーの供給制約、国際的な貿易秩序の維持、国内の調和ある発展などの観点から、1960年代のような高度経済成長から安定成長への軌道転換が避けられなかったのである。このように激動の嵐に見舞われた１９７０年代だったが、それでも前半は年率５％台、後半は同４％台の経済成長を成し遂げていた。

１９８０年代に入ると、政府は財政再建元年を宣言し、財政再建を至上命題に据え、財政縮小策に転じた。一方、産業界では、電機、自動車、機械など、わが国の加工組立産業が欧米からの導入技術をベースにしたプロセスイノベーションを駆使することにより、国際競争力を飛躍的に高めていった。コンピュータ、産業用ロボットの活用による生産工程のシステム化・自動化の進展、自動車産業に代表されるカンバン方式の導入などによって、製品の品質、生産性は飛躍的に向上した。海外金利高に伴う為替レートの円安効果も加わって、輸出が拡大し、世界中に日本製品があふれ、世界市場でのシェアを急速に伸ばし、世界に冠たる存在にのし上がったのである。この時点で、すでにわが国は欧米諸国へのキャッチアップを果たしており、欧米諸国から学ぶべきものはないとのおごりに近い声さえもれてくるほどだった。

こうして敗戦後の荒廃から再出発した日本経済は、１９５０〜１９７０年代初めまでの高度経済成長期を経て、二度にわたる石油危機も世界最先端の科学技術、持ち前の勤勉さを発揮し、果敢に克服してきた。そして、その後の安定成長路線にソフトランディングし、着実な拡大、発展の道筋を付けたのである。欧米先進国との貿易摩擦を解消するとともに、発展途上国の安価な労働力を活用するための海外投資を本格展開する一方、国内では生産性向上のための堅実な設備投資が見込まれることから、１９８０年代以降の日本経済は順調な軌道を歩むとの見方が支配的であった。

ジャパン・アズ・ナンバーワンの終焉

まさに日本中が新たな発展に自信を持ち始めた最中の1979年には、輝く未来を暗示するかのような『ジャパン・アズ・ナンバーワン』（米国のエズラ・F・ヴォーゲル博士著）が出版され、爆発的にヒットした。同博士は、まさかわが国が世界一の経済大国になると本気で思ったわけではなかろうし、「アメリカへの教訓」の副題が示すように、祖国・米国に対する警鐘を鳴らしたのである。〝世界の奇跡〟といわれるほど目覚ましい日本経済の発展を目の当たりにして、欧米では日本型システムに対する評価、警戒がそれほど高まってきたということである。

ヴォーゲル博士は、数年間かけて日本の政治、経済、産業、教育など、高度経済成長の要因を多角的に分析して著書にしたためたのである。大きな要素として指摘しているのが、勤勉で優秀な労働力や近代的な設備と高い生産性など。さらに政府の強力な指導力と、産官の連携にも一定の評価を与えている。もともとは欧州や米国生まれの技術や生産手法を改善し、大きな成果を上げていることについても注意を喚起した。このように様々な分野の世界市場で日本企業の後塵を拝した米国の産業界、企業は、自ら開発した技術などの成果を日本企業が巧みに活用したことを知り、一気に巻き返すために米国政府に圧力をかけたのである。

米国政府もいち早く呼応した。それは、思い切ったプロパテント戦略である。その皮切りとして、1980年には特許法の中にバイ・ドール条項を入れ、産業競争力強化のために政府が研究開発を積極支援すると同時に政府援助の研究成果を民間の開発者に帰属させる制度を新設、米国産業の復活をもくろんだ。特許審査に当たる特許商標庁に滞留案件が山積みになっていたため、その運営を一般会計から特別会計に切り替え、処理を促進した。さらに1982年には連邦巡回控訴裁判所を創設し、連邦を巡回して特許訴訟を一元的に扱うシステムまで構築したのである。

またレーガン大統領時代の1985年に産業競争力委員会で「知的財産政策で国際競争力を強化すべきだ」とのヤング・レポートをまとめ、技術開発の推進、産業界への技術移転促進とともに国外市場を含めた知的財産保護を打ち出した。これを受けて1988年にスペシャル301条が成立し、知的財産権保護が不十分な国を優先監視する制度を設けるとともに、ガットのウルグァイ・ラウンドでTRIPS（知的財産保護の最低水準設定）を成立させ、マルチでも知的財産を監視、保護するシステムを整えるなど、米国企業の海外展開を側面的に支援し、米国企業の国際競争力を回復、強化させたのである。

自動車、電機など米国企業自体もカンバン方式など日本企業の独自システムを積極的に取り入れ、再起を図った。同時に知的財産権訴訟戦略に打って出たため、日米間で次々と特許戦争が発生した。日立製作所は米国IBM産業スパイ事件の囮《おとり》捜査で社員が逮捕され、富士通がコンピュータソフト、ミノルタが自動焦点装置で、それぞれ対価の支払いをさせられたのである。こうして米国企業は、折からの情報化時代の本格到来や知識経済化の進展の中で、次第に国際競争力を回復、強化し、その後の長期にわたる米国経済成長に大きく貢献する。

一方、わが国経済は1980年代前半も引き続き3～5％の実質GDP（国内総生産）成長率を維持し、順調に推移していた。ところが米国などの海外金利高に伴って為替レートの円安が進行し、1980年末の1ドル＝203円から、1985年2月には同263円まで下がった。ドル高による貿易赤字に悩む米国は、1985年9月にニューヨークのプラザホテルで開いたG5（米、英、独、仏、日）で、ドル高是正のための政策協調を要請、各国が合意した。このプラザ合意を機に急激に円高が進行し、1年後には1ドル＝120円台の円高になったのである。

急激な円高現象に伴い、1985～1986年にかけて景気がやや後退する中で、円高の打撃を蒙った輸出産業を救済するための金融緩和措置が、結果的に過剰流動性を生んだ。製造業向けの融資が伸び悩み、それが不動産、住宅、小売業に向けられて投機をあおり、バブルを発生させたのである。土地、株式、ゴルフ会員権などが信じられないほど値上がりし、企業も本業で業績

日米の実質GDP成長率推移（四半期ベース）

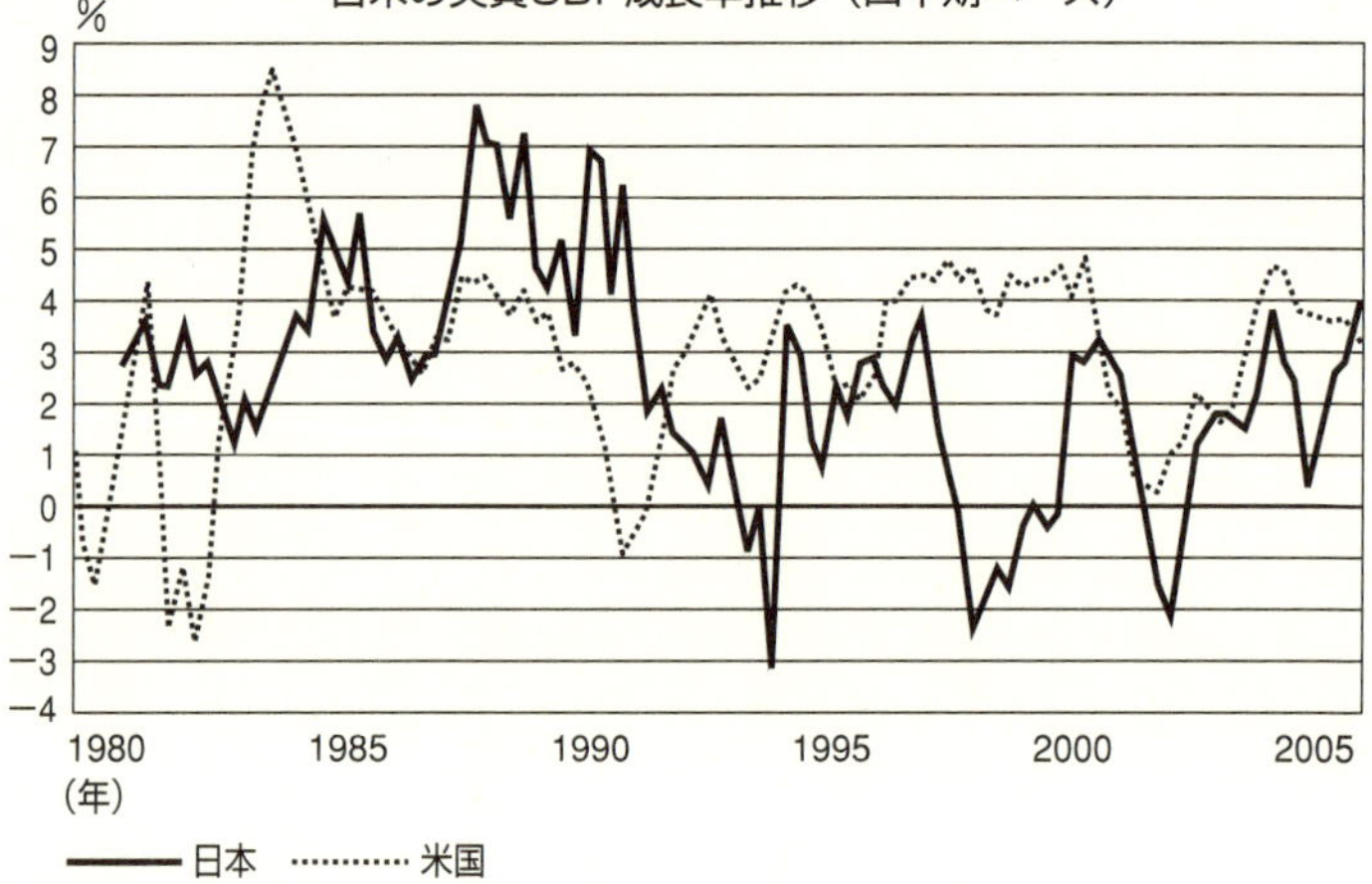

〈出典：日本は「国民経済計算」、米国は「米国商務省GDP統計」〉

を伸ばすより、財テクで利益を上げるほうが当たり前のような風潮が日本中に蔓延した。東京23区の地価合計が米国全土の地価に匹敵するほど跳ね上がり、もう日本では土地の値段は下がらないという神話さえ生まれたほどで、こうした地価高騰などが含み益をもたらし、資産効果によって景気過熱感をあおってしまったのである。このため１９８８年から１９９１年にかけて、わが国の実質ＧＤＰ成長率は米国を上回る伸びを示した。

しかし過剰な資金融資、投機により、大幅に嵩上げされた見せかけの経済がそのまま拡大し続けるはずもなかった。東証平均株価は１９８９年末の大納会に３万８９１５円のピークを付けたのを機に下落に転じ、１９９０年４月には２万８０００円、10月にはついに一時的に２万円を割り込んでしまった。

これに引きずられるように地価も値下がりし始め、マンション、住宅、ゴルフ会員権なども見る見るうちに大幅に下落してしまった。ついにバブルがはじけたのである。景気過熱を懸念した政府は１９８９年５月に公定歩合を３・２５％にアップし、１９９０年８月には６％まで引き上げたものの、バブル崩壊を防ぐことはできなかった。１９９１年以降、景気は期を追うようにして下落を続け、１９９４年にはついにマイナス成長を余儀なくされてしまう。そしてデフレスパイラル現象の中で、企業は負債、設備、雇用の三つの過剰に苦しめられ、〝失われた10年〟といわれるほど長期の景気低迷を強いられたのである。

このように長期低迷にあえいだ日本経済は、ここへきて製造業の復活とそれに伴う経済の活性化を原動力にして、ようやく着実に回復し始めた。今回の景気回復は財政出動をテコにした公的需要拡大によるものではなく、中国や米国向けを中心にした輸出と、それに支えられた国内の生産拡大、設備投資などの内需依存によるところが大きい。企業が三つの過剰を解消できたところへ需要が回復し、生産拡大のサイクルに結びついたもの。輸出の拡大が生産増加、収益改善をもたらし、それが設備投資増大、従業員給与の増加、株主への配当増という具合に、景気拡大の波が企業段階から家計部門にまで波及していったのである。問題は、引き続き世界第二位の経済大国として着実に拡大、成長の軌道を歩めるのかどうかである。

2050年までの成長予測

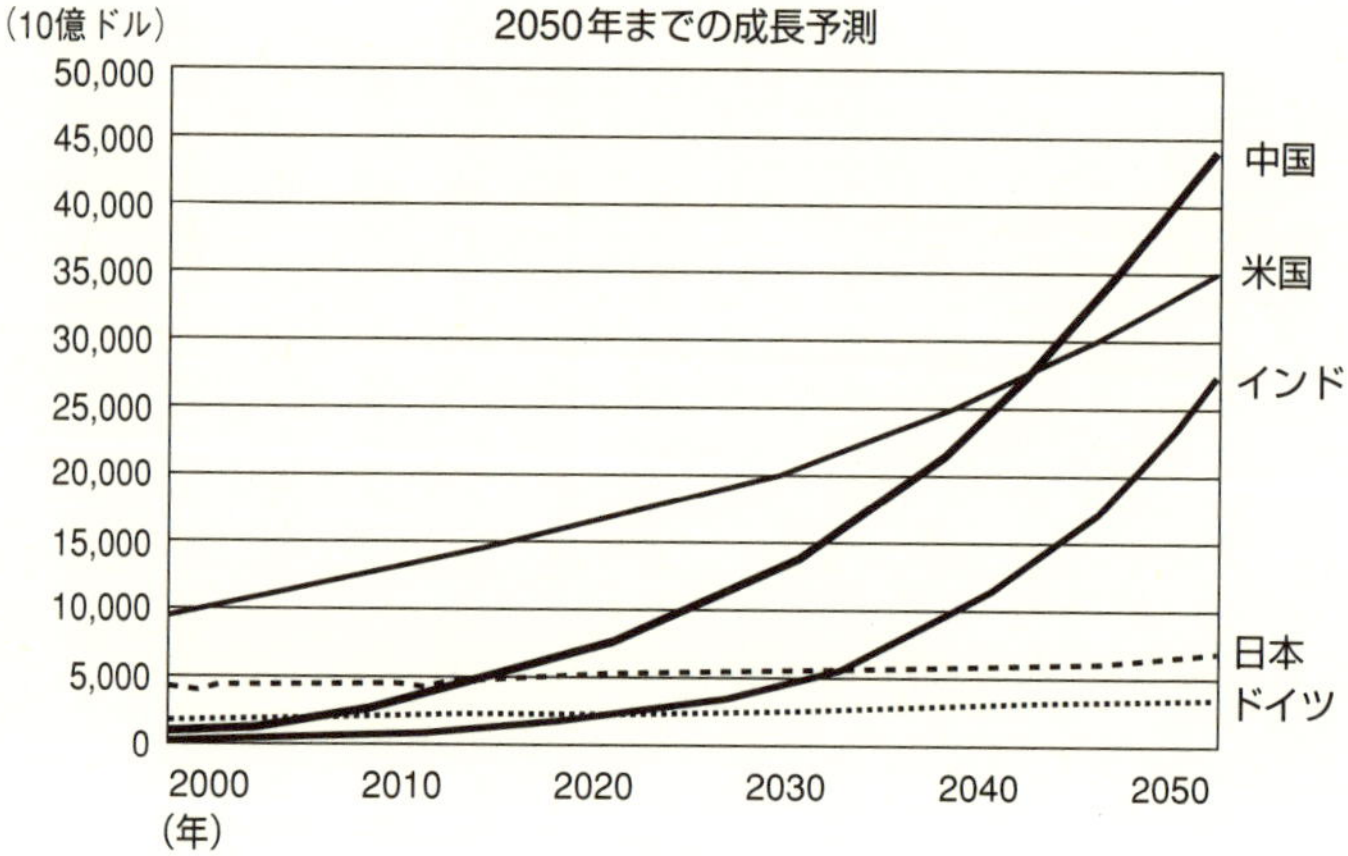

〈出典：米国・ゴールドマンサックス〉

ところが、米国・ゴールドマンサックスの「2050年までの成長予測」によると、第一位の米国が引き続き高い成長を維持し、BRICsの一角・中国、インドが急成長していくのに対して、日本、ドイツはきわめて低い成長にとどまるとの見通しである。しかも、わが国は2015年ごろに中国に追い抜かれ、2030年代にはインドにも先を越されてしまうというショッキングな予測になっている。GDP第二位どころか、第四位に転落してしまうという分析で、残念ながら「ジャパン・アズ・ナンバーワン」の可能性はほぼついえたといってよい。

しかも、日本経済が今後も着実な成長を目指すためには、人口減少、少子高齢化、国際競争の激化、巨額の財政赤字など克服すべき課題は少なくない。このため経済産業省がまとめた「新経済成長戦略」の暫定見通しによると、新たな成長施策を講じなければ、２０１５年までの実質ＧＤＰの年平均成長率は０・８％程度にとどまるものの、施策を実施すれば２・２％を達成できるとしている。そして具体的な施策として、国際競争力の強化策、地域経済の活性化策の二本柱と、人材、生産手段、金融、技術、経営力の横断的な五分野のイノベーションを掲げている。

国際競争力の強化策では、21世紀の成長センターであるアジア諸国との一体的な発展環境の整備、世界をリードする新産業の創出・育成、ＩＴ経営による生産性の向上などの必要性を指摘し、地域経済活性化策では、地域産業の活性化、サービス産業の経済成長エンジンへの育成を挙げている。五分野のイノベーションでは、とりわけ人材の活用を重要視しており、将来を担う人材のための思い切った投資を行い、産業界、地域、学校の総力を結集して〝人財立国〟を目指す構え。要は21世紀産業社会を支える成長産業を創出し、強力に支援するとともに、それを支える優れた人材を育成していこうというものである。

小中学生の理数科離れ、学力の低下

ところが、その21世紀の成長産業を支える人材の後継者、予備軍ともいうべき小中学生や高校生の学力をめぐって、深刻な事態になっていることに懸念が強まっている。というのは理数科離れ、理数科の学力低下に歯止めがかかるどころか、一段と悪化しているからである。

やや旧聞に属するが、2004年12月に国際的な学力調査の結果が相次いで発表され、わが国の小中学生の学力がさらに低下したことが明らかになり、世間に大きなショックを与えた。一つは経済協力開発機構（OECD）が実施した国際的な学習到達度調査結果で、41カ国・地域の約27万6000人の15歳を対象に、知識や技能の実生活への応用力をテストしたもの。それによると、読解力についての日本の平均得点は参加国の平均レベルにとどまり、順位は2000年の前回の八位から一四位に後退してしまった。数学的リテラシーは前回の一位から六位に下がり、科学的リテラシーは前回同様の二位、今回から調査が行われた問題解決能力は四位だった。

テストに合わせて行われたアンケート調査でも、数学についての「本を読むのが好きか」は13%、「内容に興味があるか」は33%、「授業が楽しみか」は26%というように、各質問に対する日

◎成績

国際数学・理科教育調査

科目	調査年	小学校	中学校
数学・算数	昭和39年（第1回）	実施していない	2位／12国
	昭和56年（第2回）	実施していない	1位／20国
	平成7年（第3回）	3位／26国	3位／41国
	平成11年（第3回追調査）	実施していない	5位／38国
	平成15年（第4回）	3位／25国	5位／46国
理科	昭和45年（第1回）	1位／16国	1位／18国
	昭和58年（第2回）	1位／19国	2位／26国
	平成7年（第3回）	2位／26国	3位／41国
	平成11年（第3回追調査）	実施していない	4位／38国
	平成15年（第4回）	3位／25国	6位／46国

◎数学・理科に対する認識

数学に対する意識調査：中学2年生

	数学が「好き」または「大好き」	数学の勉強は楽しい	将来、数学を使う仕事がしたい	生活の中で大切
平成7年	53%（68%）	46%（65%）	24%（46%）	71%（92%）
平成11年	48%（72%）	38%（-）	18%（-）	62%（-）

理科に対する意識調査：中学2年生

	理科が「好き」または「大好き」	理科の勉強は楽しい	将来、理科を使う仕事がしたい	生活の中で大切
平成7年	56%（73%）	53%（73%）	20%（47%）	48%（79%）
平成11年	55%（79%）	50%（-）	19%（-）	39%（-）

※（　）内は国際平均値

〈出典：IEA（国際教育到達度評価学会）〉

本の生徒の肯定的な答えは平均以下だった。また「数学を日常生活にどう応用できるか考えている」と答えた生徒は非常に低かった。授業以外の勉強時間についても、わが国は週平均6・5時間と、OECD平均の8・9時間をかなり下回っている。

もう一つは、国際教育到達度評価学会（IEA）が、小学校四年生と中学校二年生を対象に行った

2003年の学力調査。調査に参加したのは、中学生が46カ国・地域の約22万5000人、小学生が25カ国・地域の約11万7000人。調査の結果、理科で中学生は1999年の前回の四位から六位に、小学生は前回の二位から三位に、それぞれ後退した。数学・算数は中学生が五位、小学生が三位でいずれも変わらなかった。

テストに合わせて実施されたアンケート調査によると、数学（算数）の授業が楽しいかどうかについて「強くそう思う」と答えた小学生は29％で、平均の50％を21ポイント下回り、中学生は9％で、平均の29％を20ポイント下回った。理科の授業が楽しいかどうかについても「強くそう思う」と答えた生徒は、小学生で45％、中学生で19％と、平均の55％、49％をそれぞれ大きく下回っている。しかも数学、理科ともに中学生段階になると、そう思う比率が大きく低下しており、学齢が上がるにつれて理数離れが広まっていく傾向が出ている。

それではなぜ日本の小中学生の理数の学力がそんなに低下してしまったのか。一つの理由は数学や理科の授業が質、量ともに減退していることにある。2002年4月から、小中学校の完全週五日制授業実施に伴い、国語、数学（算数）、理科、社会の学習内容が3割削減されてしまったのである。中学三年生の数学、理科の授業配当時間の国際比較を見ると、米国は30％、フランスは27％、イギリスは28％なのに対して、日本の新教育課程では21％（旧課程で23％）に過ぎない。授業時間数の減少に伴い授業内容自体のレベル低下も指摘されており、とくに理科の場合には実験が大幅に減っていることも問題視されている。

こうした小中学生の理数離れと、その学力低下の背景には、われわれの生活をめぐる環境の激変もある。かつては、身の回りに大工、刃物研ぎ、傘屋、ブリキ加工、畳屋など、職人技の仕事に携わる人たちがたくさんいて、そうした作業、仕事振りに日常的に接することが可能だった。

また昔の子供たちは、遊ぶための道具を自分でつくらなければならなかったし、工夫や協力が必要だった。凧、竹馬、水鉄砲、竹とんぼ、紙鉄砲、紙飛行機など、なんでもつくったし、野球用のグラブ、バットも手製の時代があった。凧をつくるには糸目やシッポなど凧が上がりやすいように工夫をしなければならなかったし、竹とんぼも羽の厚さ、形状をよく飛ぶように削る必要があった。竹馬も足をかける部分が節から下がらないように取り付けなければならない。買った玩具が壊れれば、自分で分解して直すことさえあった。こうした作業を重ねることによって、モノをつくる喜び、工夫の大切さなどを知らず知らずのうちに学んでいたのである。

ところが、昨今は家を立てるにしても、材木を工場であらかじめ加工してから運んでくるので、カンナで削ったり、のこぎりで切るといった作業に接する機会がない。包丁や鋏《はさみ》を研ぎに出すこともないし、傘が壊れれば捨ててしまう。欲しい玩具、遊び道具はカネさえ出せば、なんでも手に入るので、遊び道具をつくったり、工夫する必要がないし、鉛筆さえ削らないから、小刀を使いこなせない。パソコンやテレビゲーム機は買ってきて使うだけなので、中身や仕掛けがどうなっているかわからない。つくって遊ぶ喜びを味わい、工夫、協力の大切さを学ぶ機会がないというか、奪ってしまっているともいえる。だから、カブトムシが死んだら、電池を交換すれば生き返ると思ったり、魚が海の中で切り身のまま泳いでいると、勘違いする子供が出てくるのである。

こうした子供たちが高校、大学、大学院で学び、社会に出てくるとどうなるのか。すでに企業側からは、理数科離れ、理数科の学力低下の人材に対する不満、懸念が強まっている。日本経団連の調査によると、新卒を含む技術系人材に関する現状の問題点について、「基礎学力の不足」を一番に挙げており、ついで「オリジナリティーの欠如・問題設定能力の不足」、さらには「意欲低下・目的意識の欠如」と続いている。経済同友会が会員経営者を対象に行った調査によると、最も不満な教育段階として「大学」を挙げる率が37%と一番高い。さらにＩＭＤ（国際開発経営研究所）の「大学教育が経済ニーズに応えている度合い」についてのレポートによれば、日本は60カ国中のなんと58位で、米国の10位、フランスの26位、台湾の28位などと比べても大きく差をつけられている。

次代の産業技術人材の予備軍ともいうべき、大学生や小中高生の理数科離れ、学力低下を放置しておくと、わが国の科学技術、モノづくり技術の衰退につながるとの懸念さえ強まっている。事態を憂慮した応用物理学会、日本応用数理学会、日本化学会、日本植物学会などの理数系学会は、２００４年末に「教育課程等教育に対する改革」の提案を行った。それは①算数・数学、理科に対する十分な授業時間を確保する、②教育課程は、学問の基本を踏まえた、系統的なものとして編成する、③学習指導要領は必要最小限のものとし、豊かな教育を現場に委ねる、④内容豊かで多様な教科書を出版し、検定は最小限度にとどめる、⑤豊かな教育実現のため、ゆとりある教員配置、教育環境の充実、⑥十分な自然科学の素養、専門知識を持つ教員の養成に力を入れる、⑦現職教員の資質向上に向けて、教員の継続的教育を充実する、⑧「あそび」の体験の貧困化を、地域教育・家庭教育の中で補っていく、⑨大学等の高等教育機関においても現教育課程への対応を十分に準備する、の9項目である。もちろん、すでに小中学生の理数科離れ、学力低下対策は具体化し、一定の成果を上げ始めている。大学、企業、NPO法人などが地域の小中学校とタイアップして、理科教室、科学実験などに積極的に取り組んでいるし、科学館や博物館も実験的なイベントや催しを盛んに開いている。文部科学省科学技術政策研究所の調査でも、科学館や博物館での学習が、学校の授業よりも理科に対する生徒の興味を引き出す効果が大きいことが裏づけられている。産官学が一体となって対策を講じていくことが望まれる。

「ゆとり教育」の弊害と効用

国際的なテスト結果で、理数科の成績の順位や学力低下が現実化してきたことから、ゆとり教育見直しの動きが出てきた。そもそも、いわゆる、ゆとり学習的な考え方が出てきたのは、今から30年近くも前のことである。受験戦争の過熱、知識偏重の詰め込み教育が落ちこぼれやいじめにつながっているとの批判が高まってきたことから、1976年に中央教育審議会が「ゆとりある充実した学校生活の実現」について答申したことがきっかけ。この提言に基づいて1977年に学習指導要領が改正され、1980年度から学習内容、学習時間数の削減が実施された。さらに1989年の指導要領の改正によって、1992年度から第一土曜日が休日になり、1995年度から第二土曜日も休日となったため、学習内容、授業時間数は一層削減された。

そして1999年の学習指導要領の全面改正に基づき、2002年度からゆとり学習が本格導入されたのである。授業の完全週五日制実施に伴い、学習内容と授業時間数の三割削減、「総合的な学習の時間」の新設、絶対評価制度の導入などの改定が行われた。年間約40日も休日が増えることからやむをえないことだが、結果として、授業時間数が大幅に減ってしまった。最も多かった頃に比べて、小学校六年間で約450時間、中学3年間で600時間近くも授業時間が減ったという試算さえ出ている。

小学校の授業時間数は、六年生の国語が210時間から175時間に、社会が105時間から100時間に、算数が175時間から150時間に、理科は105時間から90時間に減っている。中学生の場合は、国語が一年生は175時間から140時間に、二、三年生が140時間から105時間に、社会は一、二年生が140時間から105時間に、三年生は70〜105時間から85時間に、数学は一年生が140時間で変わらないが、二、三年生が140時間から105時間に、理科は一、二年生が105時間で不変だが、三年生は105〜140時間から80時間にそれぞれ減ったのである。

授業時間数が減れば、当然、教科の内容も見直さざるを得ない。中学の数学の授業から不等式、解を求める公式、相似の計量、あることがらの起こらない確立（余事象）、立体の切断・投影などが削除されて高校に移行した。理科では水の加熱と熱量、電力量の公式、遺伝の規則性、日本周辺の天気、水圧、浮力などが削られた。

このように授業時間数、学習内容の削減に対して、産業界、教育界など各界から学力の低下を懸念する声が強まったことから、文部科学省は、2003年末にはただちに学習指導要領の一部

小学校の総授業時数の変化

区分	各教科の授業時数				総授業時数
	国語	社会	算数	理科	
1学年	306	—	136	—	850
	272	—	114	—	782
2学年	315	—	175	—	910
	280	—	155	—	840
3学年	280	105	175	105	980
	235	70	150	70	910
4学年	280	105	175	105	1,015
	235	70	150	90	945
5学年	210	105	175	105	1,015
	180	90	150	95	945
6学年	210	105	175	105	1,015
	175	100	150	95	945

中学校の総授業時数の変化

区分	必修教科の授業時数				総授業時数
	国語	社会	数学	理科	
1学年	175	140	105	105	1,050
	140	105	105	105	980
2学年	140	140	140	105	1,050
	105	105	105	105	980
3学年	140	70 ~105	140	105 ~140	1,050
	105	85	105	80	980

※上段：平成14年3月まで、下段：平成14年4月以降

〈出典：学校教育法施行規則〉

を改正し、2004年度からの実施を告示した。一つは学校においてとくに必要がある場合には、学習指導要領に示していない内容も必要に応じて指導できることを明確化したこと。それまでは学習指導要領を上限にして、教科書にそれを超える記述を認めなかった方針を転換し、逆に学習指導要

領を最低基準にしたのである。併せて「総合的な学習の時間」や「個に応じた指導」の一層の充実を指示し、総合的な学習の時間については、各教科等との関連づけなどの明確化、学校ごとに目標および内容等を示す全体計画の作成、状況に応じた適切な指導と学校外の教育的資源の積極活用を求めた。

これを受けて教科書の出版会社は、2004年度から小学校の教科書、2005年度から中学校の教科書に学習指導要領の範囲を超えた〝発展的な学習内容〟を競うように盛り込んだ。例えば、中学の数学では、解の公式がすべての教科書で取り上げられたほか、余事象、相似を利用した面積と体積、円に内接する四角形、三角形の重心などが発展として扱われ、教科書に復活した。理科でも、質量と重さの違い、日本周辺の天気、水の加熱と熱量、水の合成と分解、遺伝の規則性、密度の単位、電力量の公式などが教科書によって再び盛り込まれたのである。

さらに中山成彬文部科学相は、2005年2月に開かれた中央教育審議会総会で、学習指導要領の全面的な見直しについて検討するよう要請した。その骨子は、①世界トップレベルの学力復活を目指して、すべての教科の基本となる国語教育の充実や理科・数学（算数）・外国語教育の改善、②総合的な学習の時間を含む各教科の授業時間見直しや、学校週五日制下の土曜日や長期休暇の取り扱い、③子供がわくわくして取り組める授業、わかる授業の実現、などである。これは、ゆとり教育の事実上の見直しといってよい。

もともと、ゆとり教育の考え方自体が悪いわけではない。ゆとり教育の理念、目標は「知識や技能の詰め込みを排して、基礎・基本的な学力を身に付けさせ、それを活用しながら自ら学び、自ら考えることができる、いわゆる生きる力を育成する」ことにある。先生がゆとりを持って教え、生徒がゆとりを持って学ぶことができるのは、非常に結構なことである。しかし、残念ながらゆとり教育は、生きる力を育むどころか、学力の一層の低下、学習からの逃避、学級崩壊、少年犯罪など、裏面ばかりが表立つ結果になっている。

そもそも学校の週五日制やゆとり教育が、本当に子供たちのことを考えて導入されたのか、疑問を呈する向きもある。というのは、自ら考え、学び、行動する力を身につけさせるためには、一定の知識を蓄積しなければならないし、様々な体験の積み重ねも必要である。ところが、週五日制の実施に伴って授業時間数、学習内容は大幅に削減・後退されてしまったのである。しかも、ゆとり教育を実施するための具体的な方策も示されなかった。このため「ゆとり」という耳障りのよい言葉だけが一人歩きし、現実は中身が伴わず、ゆるみがち、たるみがちに流れてしまったといっても過言ではない。

ただ、ゆとり教育がもたらしたのはマイナス面だけではない。それは新学習指導要領の象徴ともいうべき「総合的な学習の時間」の新設である。自ら課題を見つけ、問題を解決する能力や主体的に取り組む態度を身につけさせるため、従来の教科にとらわれず、各学校が創意工夫し、国際理解や情報、環境、福祉・健康などをテーマに、横断的・総合的な学習をするのが目的。総合学習に熱心な学校は少なくなく、JICA（国際協力機構）をはじめ、各種団体、企業などとタイアップして、校外学習、見学・体験、実験などを通じて、教科書や教室では学べないようなテーマ、課題について取り組み、一定の成果を上げている点は評価に値する。

ただし、総合教育の時間の教科書はないので、その内容は学校や担当教師の裁量次第ということになる。傾向的には、社会的な活動・体験が多く、発想、行動力が豊かな先生は、生徒に真に役立つテーマを取り上げることができるが、知識、発想に乏しい先生はおざなりにならざるを得ないきらいがある。このため、文部科学省は総合的な学習時間の充実を指示しており、教育委員会、学校、地域の一体的な取り組みが必要であろう。

危惧される科学技術創造立国日本の将来

近代の科学技術の進歩は20世紀の産業、社会、生活の発展に想像以上の成果をもたらした。とりわけ、戦後の荒廃から驚異的な復興、高度経済成長を成し遂げたわが国は、科学技術を工業化に最大限に活用し、その恩恵に最も浴した国といっても過言ではない。それによって世界のフロントランナーという冠たる地位に躍り出ただけに、今後は一段と進展する国際化、情報化、競争激化の中で、独自の創造力を駆使して先導的にフロンティアを開拓していく必要がある。しかも人口急増・貧困層の増大、地球環境の悪化、南北格差の拡大、エネルギー・食糧の確保、感染症対策など、山積する地球規模の課題を解決し、持続可能な成長を目指すためには、21世紀の科学技術のさらなる進歩が不可欠なだけに、わが国が果たすべき役割はきわめて大きい。

こうした地球規模の課題の急浮上、わが国の役割が高まっているにもかかわらず、わが国経済がバブル崩壊後の長期低迷にあえいでいることに危機感を強めた、超党派の議員が1995年に議員立法で「科学技術基本法」を制定した。資源・エネルギーに恵まれないわが国は、科学技術の進歩を中核にして、モノづくりの国際競争力を強化し、財政再建、環境問題など、国内の課題を解決して次代の発展を確実にすると同時に、国際貢献を果たしていく必要があり、改めて「科学技術創造立国」を目指そうとするものである。具体的な方策として、欧米に遅れているといわれる基礎研究の推進、重点分野の選択と集中、産官学の連携推進、大学の改革などに重点的に取り組む方針を打ち出した。

政府は、同法に基づいて、１９９６年度から第一期科学技術基本計画に乗り出し、21世紀初頭に政府研究開発投資の対ＧＤＰ比率を欧米先進国並みに引き上げることを目標に、計画期間の５年間に17兆円の科学技術関係経費を投入する方針を示した。そして新たな研究開発システムの構築のための制度改革の推進を打ち出し、①任期制の導入などにより研究者の流動性を高め、研究開発活動を活性化する、②ポストドクター１万人の実現など研究者の養成・確保、③産学官交流の活発化、④厳正な評価の実施、などを進めた。

２００１年度からの第二期科学技術基本計画では、政府研究開発投資の対ＧＤＰ比率１％を前提に、５年間に総額24兆円の投入を目指した。わが国が目指すべき姿を三つの理念で明示したうえ、科学技術の戦略的重点化としてライフサイエンス、情報通信、環境、ナノテクノロジー・材料の四分野を選定した。そして競争的な環境整備、研究者の流動性の向上、産官学連携の仕組み改革、人材の養成と大学改革など、研究開発システムを改革するのをはじめ、競争的研究資金倍増、基礎研究の推進、重点分野の設定、ノーベル賞受賞者50年間で30人輩出のほか、主体的な国際協力活動、国際的な情報発信力の強化、国内研究環境の国際化など、国際化戦略も盛り込んだ。

それでは科学技術基本法制定10年の節目を迎えて、第一期計画、第二期計画の達成状況、成果はどうなったのか。『(平成17年版) 科学技術白書』によると、政府研究開発投資は財政状況が厳しかったにもかかわらず、第一期は17・6兆円と計画を上回り、第二期は21・1兆円で計画を下回ったものの、投資額そのものは着実に増えてきた。科学技術政策研究所の分析によれば、研究開発費に占める基礎研究費の割合は、計画以前の33・8%から、第一期は37・1%、第二期は38・5%と高まったという。ライフサイエンス、情報通信など重点四分野の割合も、同様に29・1%から37・6%、42・1%へと高まり、重点化が図られた。

競争的資金の伸びも大きく、第一期の最終年度の2000年度は、1995年度の2・4倍の2968億円、2005年度は2000年度の1・6倍の4672億円が投入され、研究現場の競争環境の醸成を促した。国立大学等と民間企業等との共同研究は、2003年度末には8023件に増加し、公私立大学を合わせると9255件になり、年々着実に増えた。このうち国立大学等と中小企業等との共同研究は、前年度と比べて387件(16・6%)増加し、共同研究全体の33・9%を占めている。またポスドク1万人を実現したほか、大学発のベンチャー数もこ

世界3極の研究費等の比較

区分	日本	米国	EU-25	EU-15
人口	1.3億人	2.9億人	4.6億人	3.8億人
GDP	505兆円	1,269兆円	1,276兆円	1,219兆円
研究費	16.8兆円	36.6兆円	22.0兆円	21.5兆円
研究者数	79万人	126万人	116万人	97万人
特許出願数	142.0万件	447.0万件	—	397.6万件
特許登録数	19.1万件	19.6万件	—	23.8万件

〈出典：科学技術白書（平成17年版）〉

こ数年で急激に増加し、2005年8月末には1141件に達した。

このように産官学の連携推進、競争的環境の醸成、研究者層の厚みなど、研究環境の整備が進められてきているが、問題はその成果と国際的に見た水準だろう。例えば主要国の2003年の研究費総額（OECD購買力平価換算）を見ると、米国は36・6兆円、EU15カ国は21・5兆円と着実に積み増ししているのに対して、わが国は16・8兆円にとどまり、しかも近年の伸びは低い。逆に中国は、近年急速に研究費を増やし続け、10兆円になんなんとしており、このままのペースが続くと、いずれ抜かれかねない。

次に2000年度を100として、2003年度の主要国の実質研究費の伸びを見ると、米国の101・5、EU15カ国の105・9、ドイツの102・3に対して、わが国は108・9と、英国の108・1と並んで最も高い。さらに2003年度の研究費の対GDP比でも、わが国は3・35%と、米国の2・61%、フランス

主要国における研究費の組織別負担割合

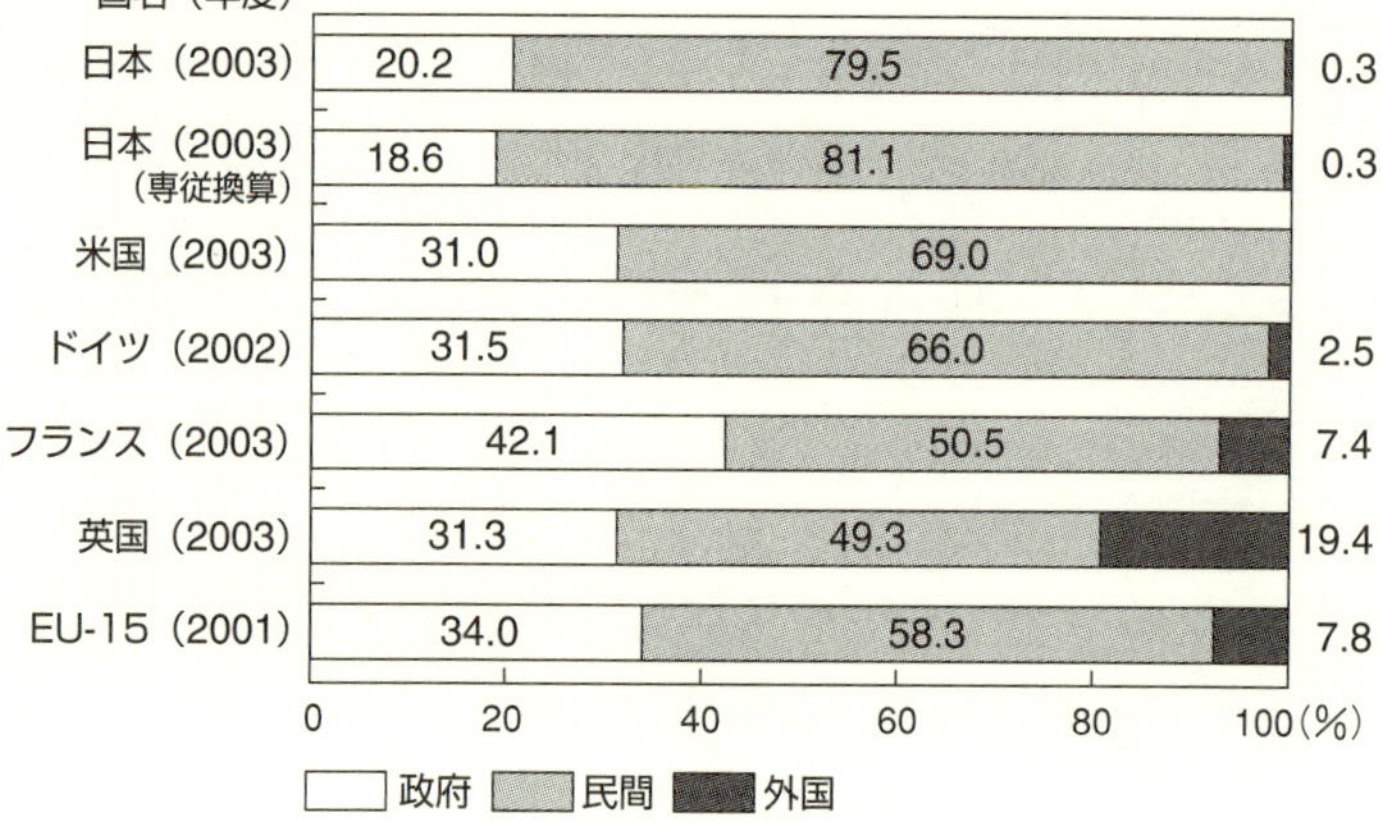

〈出典：科学技術白書（平成17年版）〉

の2・19%、英国の1・89%と比べてもかなり高いことは高い。ところが、この研究費の政府、産業界、大学、民間研究機関などの組織別の負担割合を概観すると、政府の負担割合はフランスが約4割と最も高く、米国、英国、ドイツも3割強を占めるのに対して、わが国は2割にとどまっている。わが国の政府負担割合は主要国で最も低く、研究費の8割を民間に依存する形になっている。したがって、わが国の政府負担研究費の対GDP比率は0・68%で、フランスの0・92%、米国の0・81%、ドイツの0・80%をかなり下回っているのが実態である。

　研究者の数でも、わが国は78・7万人（OECDへの報告値68万人）で、英独仏を大幅に上回っているが、米国の126・1万人、EU15カ国104

・6万人を大きく下回っており、しかも81万人の中国にはすでに追い越されてしまった。ただし、労働力人口1万人当たりの研究者数で見ると、わが国は118・2人で、米国の89・6人、フランスの69人、ドイツの67・1人をかなり上回ってはいる。わが国の博士号取得者数は1980年の0・6万人から、2002年には1・4万人に大きく増えたものの、2000年の米国の2万人、ドイツの1・9万人とはまだ開きがある。

ついで研究成果の動向を見ると、世界の主要な科学論文誌に発表されたわが国の論文数占有率は、1981年には米国、英国、ドイツに次ぐ世界第四位であったが、1992年に英国を抜いて以来、第二位の座を守り続けている。ただ、その引用された回数は、1989年以来、米国、英国、ドイツに次ぐ順位で推移しており、論文数の占有率と比較して低い。

成果を主要国の特許の面から見ると、出願件数で1989年まではわが国がトップだったが、1992年に米国に逆転されて以来、年々差を開けられている。2001年の実績は米国が447万件でずば抜けて多く、ついで日本が142万件、ドイツが125・9万件、英国が73・9万件と続いている。ただ、特許登録件数は米国の19・6万件に対して、わが国は19・1万件とほぼ拮抗しており、ドイツの9・9万件、フランスの4・4万件、英国の2・4万件には、かなり差をつけている。技術貿易収支も近年黒字幅が拡大しており、総務省統計によると、2003

年度の技術輸入額は5638億円だったが、技術輸出はその3倍近い1兆5122億円に達した。

一方、IMD（国際経営開発研究所）の2006年版の世界各国の国際競争力調査によると、わが国は世界60カ国中17位になった。かつては第一位だったが、2002年に30位まで落ち込んだものの、2003年25位、2004年23位、2005年21位と上昇し、今回さらに四つ繰り上がった。しかし、まだまだ全体評価順位としては低いうえに、分野別に見ても、景気回復を背景に「マクロ経済状況」は、かなり改善したものの、「ビジネスの効率性」や「政府の効率性」はまだ低水準にある。日本の上位にあった国がより下がったというきらいもあり、決して喜べるものではない。

このように第一期、二期の10年間の取り組みなどにより、科学技術創造立国の基礎固めが進み、一定の成果は出つつあるものの、同時に依然として課題も少なくないということである。このため2006年度から踏み出した第三期の科学技術基本計画の5年間に、どういう対策、戦略を講ずるかが、この国の将来を左右するといっても過言ではない。ヒト、カネ、モノなどの資源を思い切って投入し、国の総力を挙げて多くの課題に果敢に挑戦しないと、科学技術創造立国の目標を達成できないどころか、わが国の将来に暗い影を落としかねない。

第2章

TOKYO DENKI UNIVERSITY

日本の高等教育の源流と変遷

日本の高等教育黎明期

前章では、日本の経済、社会の発展を支えた科学技術と工学教育について述べてきたが、本章では、今一度、工学教育をも含めた日本の近代教育の原点ともいえる「学制」（1872年発布）にまで遡り、当時の明治政府が国策としての人材育成にいかに力を入れてきたかを再度検証する。続いて大正、昭和と連綿として続く日本の高等教育の発展・拡大・充実の変遷を辿ることにより、日本の高等教育の普遍的な姿を把握したうえで、次章「理想の教育を目指して－明治40年の学園創立プロジェクト」への橋渡しとする。

明治維新を迎え、時の日本政府は欧米列強諸国にいかにキャッチアップしていくかを最大の国策とし、そのための人材育成を急務とした。とりわけ法治国家としての礎を築くための法律、医学と合わせて、「工学」の分野に当初から並々ならぬ力を注いできたことは大変興味深い。このことは明治政府が発足直後（1871（明治4）年9月）に文部省を創設し、当時外交官であった森有礼を第一次伊藤内閣の初代文部大臣に任命していることからも伺える（全国教育略年表による）。なお、森有礼は、伊藤博文に「日本産西洋人」と言わしめるほどに西洋的で自由主義的な人物であった。1872（明治5）年には、わが国で初の学校教育に関する法律である「学制」が発布され、1877（明治10）年にはすでに設置していた東京開成学校と東京医学校を統合し、「官立東京大学」と改称した。欧米諸国へのキャッチアップには富国強兵、とりわけ法律、医学と並んで、工学教育が喫緊の課題とされ、日本の将来を担う工業技術者の育成が急務とされた。時の政府は学制改革に先立つ1871年には、「工部省工学寮」を設置、初代校長には英国グラスゴー出身のヘンリー・ダイヤを登用した。明治初期の学生のノートや卒業論文に英語で記載された記録が残っているのも興味深い。このヘンリー・ダイヤによる「土木、機械、造家（建築）、電信、化学、冶金、鉱山の七つの工学科目の理論教育と実践教育をともに行う総合的な工科大学構想」は、当時の欧米先進諸国でも前例のない画期的なものであった。

このように明治初期における日本の工学教育は、当時としては世界に比類のない極めて斬新なものであったといえる。この工学寮は、2年後の1873（明治6）年には「大学」を置き、1877年には「工部省工部大学」と改称している。後の1885（明治18）年には工部省の廃止に伴い文部省に移管され、翌1886（明治19）年には、帝国大学令の制定により文部省所轄の東京大学（法・文・理・医の4学部構成）とかつての工部省所轄の工部大学が合併して1886年「帝国大学」となった。この大学では、明治初期にもっとも充実すべき社会の基本的なインフラ整備を行う人材の育成が焦眉とされ、法律、医学と並んで、かつての工部寮にもあった土木、機械、建築、電信、化学、冶金、造船の各科を持っていた。工学教育の充実と有為の人材育成を国がいかに重要視していたかが伺える。

私立高等教育機関の出現

帝国大学令の制定は、日本の高等教育および私立高等教育機関にも極めて大きな影響を与えていることに注目したい。1880年代当時、様々な形態による官立・私立学校によって構成されていた日本の高等教育体制は、帝国大学を頂点とするピラミッド状の階層構造を持ち、帝国大学令により、「大学」という呼称が許されるのは、事実上「帝国大学」一校に限定されていたことである。慶應義塾（1858年、現慶應義塾大学）、同志社英学校（1875年、現同志社大学）、東京法学校（1882年、現法政大学）、東京専門学校（1882年、現早稲田大学）などの私立専門学校は官立を意識し、大学への昇格を強く志向する学校があったが、国家の経済的事情もあり、結果として明治期には実現することはなかった。

明治時代後期に至り、日本の産業社会のますますの発展とともに、あらゆる分野で高レベルの人材育成が枢要の課題となってきた。これに呼応するように私立高等教育機関の大学への昇格要求はますます強くなってきたのである。１９０２（明治35）年には、国（文部省）は、一年半の予科を設けてそのうえで高等教育を行っている私学に対して「大学」と呼称することを認めた。これにより多くの私立高等教育機関は大学名を冠することができたが、依然として「呼称」に過ぎず、実質「専門学校」の扱いであることに変わりはなかったのである。１９０３（明治36）年に発布された専門学校令に「大学」という規定が存在するという極めて奇妙な状況であった。

電機学校設立時の状況

専門学校令では、専門学校卒業者を帝国大学卒業の「学士」と同様の扱いとして定めたが、専任教員を置くことを義務づけなかった。このことは、図らずも１９０７（明治40）年に創立された東京電機大学の前身である「電機学校」に、官立で教鞭をとる優秀な教官をはじめとして、在野からも極めて優れた教員を招聘し、当時一流の工業教育を行うことを可能ならしめたのである。電機学校が創立された１９００年代初頭の日本は、重化学工業を軸とし、高等教育の量的拡大が必須であるという状況にあり、さらに高等教育の機会拡充という社会の強い要請を受けて、１９１８（大正７）年には「大学令」が制定された。これにより、帝国大学以外の官・公・私立大学設置の道が開かれた。しかし、この大学令においても重要な問題が内包されていた。大学令の第一条には目的として「国歌の枢要に応じる教育研究及び人材育成であること」が規定されており、電機学校は、まさにこの目的に合致した学校ではあったが、当時逼迫していた国家財政は、官立大学の大規模な拡充政策に使われ、私立大学へ援助する余力がなかった。当時私立大学の呼称を許されていた学校は、経営の安定という理由で基本財産を国に供託することを求められ、一大学50万円、一学部増すごとに10万円という、大学という名称を呼称するために、当時としては途方もない資金を国から要求されたのである。その後も大正期から昭和戦前期における日本の私立大学の財政は、有志者からの寄付と学生からの学費だけであり、ほとんどすべての大学が創設以来財政難との苦闘の連続であった。私立大学の多くは、大学昇格後も専門学校の機能を残し、専門部・大学・大学予科の三種類の教育機能を組織して運営してきた。しかも専門部はほとんどが夜間部であり、それによって昼間部の大学や大学予科の施設・設備・教授陣を徹底的に活用し、安いコストで最大限の教育効果と多くの学生を育ててきたのである。

さて、この頃の電機学校の特筆すべき点は、経済的な問題はさておき（たびたびの財政難にも遭いながら）、大学という「呼称」にとらわれず、実学尊重、つまり学位にとらわれることなく、卒業すれば、すぐ現場で役に立つ即戦力としての人材育成に徹したことである。まさに当時すでに大学の呼称を得ていた学校が行っていたことを先取りし、夜間部、社会人対象、優秀な教授陣と施設設備の昼夜にわたるフル活用を行い、幾多の財政危機を乗り越え、第二次世界大戦後にようやく新制大学へと脱皮していったのである。

ちなみに、大学令発効以降、私立大学への昇格を実現した学校の数は、第二次世界大戦終結前年の1944(昭和19)年には28大学に達した。慶応義塾大学、早稲田大学、中央大学、日本大学などである。一方で、電機学校をはじめとする私立専門学校は、1920(大正9)年には66校あったものが、1944年には153校に増加している。これらの私立専門学校の多くが、戦後の1948(昭和23)年に新制大学に移行し、今日に至っている。

世界の高等教育の歴史

ここで、日本における高等教育の変遷を、世界の高等教育の歴史と比較することにより、日本の高等教育のルーツについて考察してみる。

ボローニャ大学を大学の起源とすれば、それ以降の近代における世界の学術の中心は、19世紀前半まではフランスであったが、19世紀後半にはドイツの大学へと移動した。そして20世紀に至っては、アメリカの大学へ移動している。一方、イギリスの大学は学術の準中心の位置を維持していたと評価される（ベン・デービッド〝Center of Learning〟）。

フランスにおけるサイエンスが最も花開いたのは、1930年代のことである。学術の中心を支えたのは国立研究所と専門的高等教育機関としてのグランゼ・コールであった。なかでもエコール・ポリテクニックはニュートン力学を基礎とし、その応用としての近代工学を目指し、近代工学教育機関のきっかけとなった。しかし、フランスでのこの施策は長続きはしなかった。高等教育と学術研究を分離した政策をとったことが最大の原因であるとされている。このことにより、大学に入学する学生を教育し、その知的エネルギーを創造的な科学研究に役立てることができなくなったのである。

このようにして、19世紀後半、高等教育の中心はフランスから、やがてはドイツへ移行することとなる。ドイツにおいては、フランスと異なり、研究機能を大学の中に制度としてビルトインしたことである。教員には講座ないしインスティテュートが与えられ、学術研究活動を行いながら、その研究成果を学生に教授したのである。この頃日本においては帝国大学の創設など、明治時代の高等教育の黎明期を迎えている。ドイツの大学のこうした「研究と教育の統合」をつぶさに見てきた日本政府の要人たちは、当時日本において最も必要とされている高等教育システムとして、最初にドイツの大学制度を日本に導入したのである。

しかしながら、ドイツの高等教育も20世紀に入って第一次世界大戦による疲弊から衰退し始めた。また、ギムナジウムを卒業したばかりの若者の学力と「研究と教育の一体化」理念に基づく大学教育の水準との乖離が大きかった。

これらドイツの大学制度とアメリカを比較すると、アメリカの大学の特色は、オックスフォードのカレッジ教育に源流を持つ高等教育レベルのリベラルアーツ教育重視の伝統を承継したところにある。これに加えて、ドイツの「研究と教育の統合」方式をも引き継ぎ、結果として幅広い教養を修得し、さらに希望する者には高度な教育研究のシステムとして大学院を積極的に充実してきた。こうしてアメリカは、ヨーロッパ諸国の大学の優れた部分を効率的に吸収し、20世紀前半から今日に至るまで世界に冠たる高等教育システムを構築してきたのであった。

学制改革と戦後高等教育

新学制は、第二次世界大戦後のアメリカによる占領下、1948（昭和23）年9月に閣議決定により発効した。これに先立つこと一年前の1947（昭和22）年には学校教育法（国立学校設置法は1949年施行）が制定された。これら一連の教育制度改革の主な内容は、従来の複線型教育から単線型教育（六・三・三・四制）への変更と、義務教育を九年へと延長したことである。新制大学発足直前の1947年には旧制高等教育制度による帝国大学7校、私立大学28校、官公私立高等学校39校、官公私立専門学校268校が存在していた。これらの高等教育機関を再編して新制大学は発足したのである。東京電機大学は、この新学制制度により、このときようやく大学の仲間入りを果たしたのであった。

ここで、大学院制度のことにも若干触れておかなければならない。四年制大学の卒業資格を有する学生を対象とした新制度の大学院は、「学術の理論及び応用を教授し、その深奥を究めて、文化の進展に寄与することを目的」として設置された。大学院設置審査基準要項（1952年）では、修士課程と博士課程の二種類があり、当時は修士課程と博士課程の両方を設置する大学院が一般的であり、修士課程のみを開設する大学院は計画されていなかったのである。しかし、旧制の高等学校・大学という三・三制から新制の四年制大学への移行は、その後の大学院修士課程教育の必要性を生み出し、結果として産業界の世界レベルへの「追いつき・追い越せ」政策とマッチし、さらに企業内のOn the Job Trainingシステムが企業の技術レベル向上を支え、わが国の世界にも類を見ない高度成長を成し遂げた。

1960年代の高度経済成長期には、東京電機大学はその先鞭をとって、実学教育の機会を提供することの重要性をかねてから認識しており、学生確保というマーケットニーズとも合致し、働きながら学ぶ社会人の便宜を図り、既存の学部の上に、わが国初の「夜間の大学院（修士課程）」を設置したのは、日本の大学院の歴史に残る、誠にエポックメーキングなことであった。

もっとも、わが国の大学院博士課程・修士課程の源流は、1886（明治19）年の帝国大学令公布当初からすでに設けられていたことも忘れてはならない。すなわち、帝国大学令の第2条によれば「帝国大学ハ大学院及分科大学ヲ以て構成ス。大学院ハ学術技芸ノ蘊奥ヲ考究シ分科大学ハ学術技術ノ理論及応用ヲ教授スル所トス」とある。分科大学は、今でいうところの学部教育に相当する。現在の大学院のルーツは、すでに明治の時代から脈々と受け継がれているのである。

私立大学における専門分野ー特に工学分野

私立大学が工学教育を重視するに至った社会的要因は、1950年代の半ば以降の高度経済成長政策が、天然資源の乏しい日本において唯一生き残る道としての「科学技術」を基礎とした国力の成長にあり、技術革新などの科学技術の需要が急激に増大したことにある。工学系の分野の教育体制を維持するには、人文社会系に比べて経費がかかるにもかかわらず、その後の１９６０年代、１９７０年代と高度経済成長期においては、工学技術者の需要はますます増大し、尽きることはなかった。さらに私立大学は、本来ならば多額の財源を必要とする大学院に重点を置くことに、むしろ積極的に対応した。一つは私立大学の場合、国立大学と異なり国家財政からの自由度が大きいため、制度として大学院を設置することが比較的安易であった。さらに私立大学にとっての大学院は、その大学のステータス・シンボルにもなることをも期待された。しかしながら、大学院設置の真の効用は、やはり「その基礎となる学部の教員組織が量的・質的に充実した」ことにあろう。

私立学校振興助成法の施行

１９７０年代後半には、文部省の管轄下の高等教育制度は、高度経済成長期を支えるための「量的拡大」から、「質的充実」に転換した。私立大学は高度経済成長期に学生数が急増し、人件費・設備投資の高騰に伴い、授業料の増額を行ったが、この授業料増額に伴う学生運動が多くの大学で起こり、深刻な大学紛争の一因ともなった。このようななか、私学関係者は国庫補助を国に要求し続け、1970（昭和45）年には私立大学への経常費補助が閣議決定され、助成金配分のための機構として、「日本私学振興財団（現日本私立学校振興・共済事業団）」が設置された。1975（昭和50）年には、私立大学にとって悲願の「私立学校振興助成法」が制定され、私立大学への公的助成が始まった。しかしながら、このことは助成金を得ることと引き換えに私立大学の独立の精神にまで国が干渉し、規模拡大に対する制限を伴うこととなったことは事実である。

臨時教育審議会の答申と大学改革の進展

1971（昭和46）年に出された中央教育審議会答申「今後における学校教育の総合的な拡充整備のための基本的施策について」（いわゆる46答申）に始まり、1980年代に入って内閣総理大臣に就任した中曽根康弘氏は、1984（昭和59）年には臨時教育審議会（臨教審）を設置し、初等・中等教育のみならず、高等教育の改革の検討に着手した。文部省の下部機関ではなく、あえて総理大臣の直轄とした背景には、教育改革は一省庁レベルでは対応しきれないという認識を有していたことが指摘できる（黒羽亮一著「臨教審どうなる教育改革」、日本経済新聞社、

1985より)。以降、1987(昭和62)年には最終答申(第4次答申)を出し、教育改革の重点として、過去の答申も踏まえて、次の六つの項目を挙げた。すなわち、①自由化、②個性化、③国際化、④情報化、⑤人間化、⑥成熟化である。当時の経済・財界人からすれば、規制を緩和し、多様化に対応できる教育を行い自由な競争ができるような条件が社会の変化(個性化、国際化、情報化等)に呼応して整備されれば、優れた教育が生き残り、悪い教育が自然淘汰されていくことが重要であるとされたのである。このことは、共通一次試験の廃止、一般教育の廃止、国立大学法人化、私立大学への国庫助成の見直し、受益者負担に基づく学生納付金の増額等に関する強力な意見の表明へとつながっていった。最終的に高等教育改革分野の具体的方策は次のように提言された(詳細は紙面の関係で省略し、ヘッドラインだけを記す)。

第一は大学入学者選抜制度の改革。

第二は、大学教育の改革。具体的には高等教育の個性化・高度化の観点から当時の大学教育(一般教育と専門教育によって構成される)を充実し、各大学がそれぞれ特色ある教育を実現する必要があるとしている。

第三は、高等教育の多様化への対応。

第四は大学院の拡充整備。

第五は大学評価システムの確立。大学の社会的責任（USR-University Social Responsibility）や責任を自覚し、大学の自己評価、相互評価をし、大学を活性化させる。また大学は社会に対して情報等を公開する仕組みを充実することが提言された。

第六は学術研究の積極的な振興。大学における基礎的研究の推進、大学と社会の連携強化、つまり産・官・学のコラボレーションへの要請について提言がなされた。

第七は「大学審議会」の創設。日本の高等教育の在り方を基本的に審議し、大学に必要な助言や援助を提供し、文部大臣に対する勧告権を持つ恒常的な審議機関として大学審議会を創設することを提言したのである。

大学審議会と規制緩和

こうして「大学審議会」が設置されて以降、同審議会から次々に答申が出され、１９９０年代～現在に至るまで数多くの重要な答申（提言）が出され、順次実行に移されていったのである。

これらの一連の答申と、それを実現する改革の核心は、一言でいえば臨教審の答申を引き継いだ形での「規制緩和」、「個性化」、「高度化」、「活性化」であろう。文部省は、１９９２年に迎える18歳人口のピークに対応すべく、当時各大学に臨時的定員増を認めたものの、18歳人口減少期を迎えるにあたって、規模の縮小（拡張前の規模への復元といってもよい）を果たすことができず、臨時的定員の二分の一を恒常的定員とすることを認めざるを得なかった。つまり教育の質を担保するために従来から厳しく規制してきた定員増、定員超過率の抑制をやめ、事実上定員抑制策を放棄したのである。これにより、その後の18歳人口の急激な減少による学生市場の縮小に不適応を起こす大学が続発した。２００６年現在、四年制の大学の三割が「公定員割れ」をしているのは周知の事実である。一度拡大した規模を縮小するのは容易なことではない。多くの大学が規模の適正化、ダウンサイジングに失敗している。こうして現在、各大学が抱えている最も困難で重要な課題が表面化してきたのである。

高等教育の規模のコントロールに失敗した文部省は、以降、明らかに従来の護送船団方式から、個別大学の自主・自立を全面的に打ち出し、１９９８年10月には大学審議会は「21世紀の大学像と今後の改革方策について－競争的環境の中で個性が輝く大学－」を答申した。続いて２０００年11月には「グローバル化時代に求められる高等教育の在り方について」の答申を通して、大学の自主・自立、事前規制から事後チェック体制へ本格的にシフトし、しかも一方で、質の担保として第三者評価機関による評価をセットとして全大学に義務付けたのである。

内容が多少前後するが、ここで重要な答申について触れておかねばならない。前述の2000年11月の「グローバル化時代に求められる高等教育の在り方について」の答申以前で大学に最も大きな改革を促したのは、いわゆる46答申のほかに、1991年2月の大学審議会答申「大学教育の改善について」であろう。同答申では、「大学教育の改善の方向として、特色あるカリキュラム編成と柔軟でかつ充実した教育組織の設計、学生の学習の充実、一般教育と専門教育の改善、多様な学習機会の確保の4点を指摘している。そのうえで、大学教育改善の方策として、「各大学が自由で多様な発展を遂げ得るよう大学設置基準を大綱化するとともに、自らの責任において教育研究の不断の改善を図ることを促すための自己点検・評価のシステムを導入すること」を提言した（以上、文部科学省ホームページより引用）。これは、大学教育の改善は、基本的には、それぞれの大学の自主的な努力によって実現されるものであり、各大学において、自らの教育理念・目的に基づき、かつ学術の進展や社会の要請に適切に対応しつつ、特色ある発展を遂げることが全体としての大学教育の充実に資することとなるという理念に基づくものであった。これにより、高等教育システムそのものについて大幅な規制緩和が制度化され、促進されたのである。一方で、この大綱化は大学における従来の伝統的な一般教育課程の解体と教養部の消滅をもたらした。大学関係当事者は、設置基準の大綱化により、本来あるべき教養教育、基礎教育の在り方を見失い、これらのシステムを破壊してしまったのである。最近になってようやく各大学は、教養教育や基礎教育の重要性を改めて認識し、その再構築に取り組んでいる。

さて、これらの一連の教育改革を別の角度から見ると、政府の総合規制改革会議が文部科学行政への圧力となり、さらに大学設置基準の大幅緩和をもたらしたものであるともいえる。そうした一連の規制緩和を象徴するのが前に触れた文部科学省による「事前規制」から「事後チェック」への移行である。文部科学省は、基本的に大学に対する事前規制を緩和し、全面的に事後チェックに改めるというほとんど180度の政策転換をしたのである。今や、学部・学科の再編・新設も自由化され、一定の範囲内でなら届出のみにより学部・学科を改編することができるようになった。さらに従来の学校法人による大学経営から、構造改革特区の認定を受け、株式会社立大学も認められるようになり、いわゆる企業が大学市場に参入してきた。文部科学省による規制緩和、事前規制の緩和と事後チェックの強化（認証機関による第三者評価の受審の義務化）は、大学の質的保証を大学の自助努力によるものとして、各大学はますます厳しい説明責任、経営責任を取ることを余儀なくされている。国民の税金が投入されている組織として当然のことであるが、今後市場原理により、かなりの大学が淘汰されていくことは、誰もが予想できることであろう。

規制緩和は、国立大学においても、大きな変化を経験することとなった。１９９９年に独立行政法人の通則法が成立し、これを国立大学にも適用するという意見が強くなり、２０００年には当時の有馬朗人文部大臣（元東京大学総長）は、国立大学の法人化を検討する会議を国大協のメンバーを加えて検討することとなった。さらに２００１年には、いわゆる「遠山プラン」構想が打ち出され、国立大学の法人化とあわせて、国立大学の再編・統合を進める方針が示された。こうして２００４年にはすべての国立大学は独立行政法人化されたのである。遠山プランは、さらに研究費の支出についても大学にとって大きな変化をもたらした。従来は文部科学省が支出する研究費は科学研究費補助金のみであり、個人を対象とするものだけであったのが、ＣＯＥ（Center of Excellence＝21世紀ＣＯＥ）という研究費制度がつくられた。国際的な研究拠点になる大学に、国公私を問わず、公募審査により研究資金を競争・重点配分するというものである。さらに学部レベルでは、現代的教育ニーズ支援プログラム（現代 GP-Good Practice、優れた取組み）、特色ある大学教育支援プログラム（特色ＧＰ）が創設された。

大学と産業界との連携

文部科学省による競争的資金配分が定常化する一方で、産業界との積極的な連携を目指して、1995年から大学にVBL（Venture Business Laboratory）の設置が図られた。その後1998年には、いわゆる「大学等技術移転促進法」（「大学等における技術に関する研究成果の民間事業者への移転の促進に関する法律」）が制定され、経済産業省および文部科学省のもと、「特定大学技術移転事業」を実施するTLO（Technology Licensing Organization）の整備を目的とし、同年に施行された。本事業は、大学における技術に関する研究成果を、特許制度等を活用することによって民間事業者に移転し、社会における有効活用を促進するとともに、その結果、得られる資金等を大学に還流することにより、大学における研究の進展に資するものである。

今、私たちに求められていること

以上、第一章および本章においては、明治時代の西欧諸国へのキャッチアップ、第二次世界大戦での疲弊、その後のJapan as Number one（Lessons for America）に象徴される奇跡的な高度経済成長、その後のバブルと失われた10年間、この間、わが国の高等教育、そして大学がどのように変遷してきたかを一般論として記してきた。

現在、若者の理科離れ、数学嫌い、学力の低下など、科学技術立国日本として憂うべきことが山積みしていることは前に述べた。次の第三章においては、科学技術立国日本の将来を担う人材育成を最大の責務とした理工系大学である東京電機大学が、次の新たな一歩を踏み出すに際して、今一度本学の原点である１９０７年創立の「電機学校」の教育理念、経営手法、などを振り返り、検証し、それらを現在から未来にかけてどう受け継いでいくのかを述べる。私たちは、そこに解があることを知っており、今求められているのは、それを実行する勇気と力を出すことである。

第3章

TOKYO DENKI UNIVERSITY

理想の教育を目指して
―明治40年の学園創立プロジェクト

「電機学校」の創立—理想の教育を目指して

1877年、エジソンが〝話す機械〟蓄音機に最初に吹き込んだのは「メリーさんは小さな子羊をもっていました。その毛は雪のような白でした」だった。この発明に全世界が驚き、彼自身も「自分の一生でいまだかつて、それほど不意打ちを食らったことはなかった」と記しているほどであった。

この前年1876年にはベルが電話機を発明。1879年はエジソンが日本の京都の竹を利用した「白熱電灯」を発明した年だった。

それからわずか約30年後の1907年、極東の発展途上国であった日本に電機学校は創立された。

電機学校はこうして創立された

電機学校は1907（明治40）年に東京神田に創立された。創立者は廣田精一と扇本眞吉。ともに東京帝国大学を卒業した先輩後輩の間柄であった。実業界出身の若い技術者が創立者だったという大きな特徴を持っていた。

創立者の一人、廣田精一は創立の動機について、次のように語っている。

「僕は高田商会に在勤時代から東奔西走で、まったく息つく暇もなかったが、ある年、東北に旅行して、ある会社へ自分の手で納めた小さな電動機の据付工事に立ち会った。その電動機の台座に据付ボルトを通す孔がある。ところが、その孔が丸くなくて楕円になっているというので、若い電工が製作の粗雑を非難するではないか。わざわざ、親切に取り付けた後、幾分融通のきくように楕円形にあけてある孔を、工事が粗雑だとケナスとは情けないことだ。これは一つ大いに若者を実際的に教えこむ必要があると胸の底から感じた。」

一方の扇本眞吉は、廣田の後輩で電気会社や鉄道会社に勤務し活躍していた。帝大在学中からいろいろ相談にのってもらっており、このとき中国の市街鉄道の計画に参画していたが、急遽中止になり帰京。廣田に今後の仕事を相談するため廣田邸を訪問した際にこう語っている。

「現在、自分は電灯電力の科目を受け持って、ある電気講義録に筆を執っていますが、このようなことは紙の上で教授するよりも、口で講義するほうが、いっそうよくわかるのではないでしょうか。」

明治初期の日本

当時は、18世紀にイギリスで始まった産業革命が、19世紀に科学と結びつき西欧に科学技術が開花した時代だった。初期のうちは織物などの軽工業が発展したが、後に重工業が発展し様々な製品を大量に生産することが可能となっていった。産業界は生産力を、また国は軍事力を充実させ、原料調達や製品の売り先を競って求め、国、産業界が一体となって植民地を拡大していた最中であった。中国もアヘン戦争（１８４０～１８４２年）でイギリスに植民地化され、極東の小さな島国である日本は欧米先進諸国と肩を並べる以外に植民地化を逃れるすべはないと考えたのは当然であった。

国を富ませるため、殖産興業は最重要課題の一つだった。西洋の文明をいち早く取り入れ、見よう見まねであろうと、とにかく習得し、産業を発展させることが急務だった。そこで政府は、多くの最先端の機器や製品を輸入し、官営工場を各地に開設した。あわせて大学を整備し、お雇い外国人を招き教育を急いだ。その結果、西洋の電気、機械の最新機器が導入されてきたが、国内には大学卒の学問としての技術の研究者は育っていても、第一線で扱える技術者はほとんどいない状態だった。

第１回卒業式後の記念写真

庶民の生活は石油ランプが一般的、ガス灯が主流で電灯は少ない。工場用動力も蒸気機関が当然という状況で、今日のように電機工業が発展することは思いもよらない、という時代だった。

廣田は扇本に対してこう答えた。

「自分も外国から来る優秀な機械を、完全に取り扱う技術者が少ないのを遺憾に思っている。ひとつ、実際に役立つ技術者を養成する学校をつくってはどうか」

１９０７年７月１日の午後１時。２人が学校創設の志を立てた瞬間であった。

「将来、電機工業界の発展に備えるためには、大学出身や専門学校出身の、将校級の人たちだけでは間に合わない。多くの准士官、下士級の電気技術者を必要とする。しかし、これを養成する学

創立者の二人

廣田精一（明治４年〜昭和６年）
広島県福山市生れ、1896（明治29）年東京帝国大学工科大学卒業、高田商会入社、在籍のままドイツシーメンス・ハルスケ電気会社入社、その後欧米諸国を視察して帰国。1907（明治40）年、扇本眞吉とともに私立電機学校設立、1914（大正３）年オーム誌創刊、大正５年組織を財団法人に改め、総務理事に就任。1921（大正10）年神戸高等工業学校（現神戸大学工学部）創立に際し、校長（勅任官）を拝命、同校発展の基礎を築いた。電気自動車の開発にも力を注ぎ、エジソンにも面会した。佐々木信綱に師事。遺灰は神戸大学の校庭に散骨した。

扇本眞吉（明治８年〜昭和17年）
岐阜県高山町生れ、1902（明治35）年東京帝国大学工科大学卒業、ドイツシーメンス・ハルスケ電気会社、深川電燈株式会社、江ノ島電気鉄道株式会社等に奉職。1907（明治40）年、廣田精一とともに私立電機学校設立、初代校長として尽力。大正５年組織を財団法人に改め、財務理事に就任。専心その任にあたる。

校は、現在工手学校のほかに１、２校あるだけである。国家もいずれ見るところはあろうが、民間におけるこの種の学校の設立は国家のため、電気工業界のため、焦眉の急務である。」

〝国のため、電気工業の発展のため、緊急に必要なことなのだから、民間が自力で行おう〟という自律した市民として高邁な精神をもって、さらに後述する明確な構想のもとに行動を起こした。廣田は37歳、扇本は33歳。２人の興した学校は、その後、異彩を放つことになる。

理想の教育を目指して

廣田と扇本が相談してから、なんと2ヶ月足らずの1907年9月11日の午後6時、東京神田で私立「電機学校」は開校式を迎えていた。校舎は間借り、開校当時は生徒もわずかに14名。「創立」とはおこがましいほどだった。

しかし、その志は高かった。「主義や制度の上に特色を発揮し他校を凌駕したい」とした姿勢。「進取気鋭、とにかく新しいものは大胆に採り入れていこう」とする気風、「パイオニア精神」は旺盛だった。校舎や設備は大きく他校に劣っていたが、後日多くの教育関係者が、「先駆的なこと、革新的で創造的なこと、それらすべてに対して、あれほど大胆で意欲的であった教育者を見たことがない」と言わせるほどの熱意で学校を育てていった。

今日でも〝詰め込み教育〟、〝受験戦争〟、そして〝ゆとり教育〟、〝不登校〟、〝いじめ〟、〝教育水準格差〟など、教育問題は引きをきらない。幸いなことに、どんな時代にもどんな環境でも生徒に慕われ敬愛される教育者がいる。しかし、とかく学校という組織は、生徒集めと進学実績、父母対策にふりまわされ、本当の意味での教育を見失いがちなのではないか。

〝教育論は教育を考える人の数だけある〟といわれるほど多様だ。教職員、さらには生徒が一

電機学校設立趣意書

工業の発展を図るには、工業教育の普及はきわめて緊要である。最近の電気、機械工業の発展は世界における工業上の面目を一新し、わが国においても電信電話、電灯、電気鉄道、動力、紡績、製紙にますます隆盛となり、これにともない技術者の需要、またその必要数は増加している。このように電気、機械工業の隆盛になるに従い、目下の急務はどうやって技術者を養成するかにある。工業は学術の応用をもって始めて完全な結果を収めることができるのである。

しかし現在、わが国においては技術者養成所として工科系大学や高等工業があるといえども、これらはみな高尚な技術者を養成し、学問の奥義を研究するのに適しており、工業の普及を図るという目的で、電気や機械の普及教育を施す学校ははなはだ少ない。世間に幾千の志望者がこの学科を修めようとしても、どうやって彼らの意思を達することができるだろうか。よくよく今日の状況を考えるとき、将来わが国の工業の進歩、発展に一大障害を与えるものといえる。これは我々の最も遺憾とすることである。

ここに本校は、自ら奮ってその力を工業教育の普及に尽くそうと期し、私立電機学校を設立し、世間の幾千の希望者、あるいは昼間は職業があって学習できない青年子弟のために夜間授業の方法をとり、特に教授には実物説明を旨とし、なお2、3の工場と特約して実地演習の便に供し、実用と速成にのっとり、国家有意の技術者を養成し、もってわが国の電気および機械工業の隆盛を企図せんとする。ここに本校の設立趣旨を述べ記す。

明治40年9月

設立者　扇本　眞吉
廣田　精一

（現代文訳）

体となって教育や学校運営に取り組んでいる学校はそうは多くはないのが実情だろう。今日でも成功している学校の根幹にあるのは、学校の主義とそれに賛同し熱意と使命感を持って教壇に立つ教師たちであって、決して瑣末な募集戦略や受験教育に翻弄される教師たちではないのだと思う。

今日につながる「三つの大きな柱」

電機学校が創立の際に柱としたのはユニークな三つの主義だった。つまり、「生徒第一主義」、「教育最優先主義」、「実学の重視」であった。この点については、あとで具体的に詳しく述べることとして、このような理念を持つことの意義を考えてみたい。

教育の理念

こうした主義の背景には、今日でも通用する教育に対する深い理解と洞察、当時の教育に対する創立者の厳しい視線があった。明治期に西洋から急速に知識を習得したため、現在でも日本の教育の多くは、教師が一方的に生徒に知識を教える記憶重視の教育に陥っており、これが教育だと勘違いしている。

「今日、日本の大学においては、大いなる時間とエネルギーの浪費が行われている。人々の創造力は奪われ、記憶屋、反復屋のみ大手を振って歩いている」。教師が教える知識、西洋から入ってくる学問をただ真に受け頭に詰め込むだけでは、教育ではないのである。

「考える、とは何かと問い、考える、とは何かと考え続ける。これが、すなわち教育である。ティーチング・ラーニング（一方的に教師が知識を教え、生徒はそれを受けてただ反復するだけの詰込み教育）などエデュケーションの名に値せず」と厳しく非難する。

「知識は紙によって伝えられる。学生は紙に書かれた知識をどれだけ記憶したか、によって試されるのではなく、その知識の先に何があるのか、それをどこまで透察したかによって試されなければならない」

先人の知識を後世に伝えるだけでは人類は進歩しない。教育は人類が進歩するために行うものだ。どれだけ記憶できたかは教育の成果ではない。先人の知識を身につけ、様々な課題を解決する力を養うのが教育だ。洞察する力、考える力が教育の成果だ。これこそが本当の教育なのだとの定見に基づいていたことがよくわかる。

さらに試験制度についても警鐘を鳴らす。

「…入学試験を行おうとするようなことは最も人の自尊心を傷つけるものだ。及落だけでなく、自尊心が傷つけられることを注意するべきだ。」

「現代社会に試験制度は欠かせないであろうが、しかしそれは必要悪であることを自覚せよ。

大事なことは試験制度を一人歩きさせてはいけないということだ。試験制度が一人歩きするようになれば、人が試験をつくるのではなく、試験が人をつくるようになる。」

学問の進歩により、学ぶべき事柄はいっそう多くなり、学校ではより多くの知識を詰め込まねばならなくなった。また人口増加の時代には、ふるい分けのため入試に難問奇問が続出。より多くの記憶力を試す試験が横行した。塾や予備校では、記憶力の競争が行われ、偏差値が横行し、それが人間の価値、人生を決めるものであるかのような錯覚に陥った。

廣田、扇本の教育の理念は、現在の私たちが読んでも明快で、清く、すがすがしい。私たちは100年前に提示された課題を、現在に至るまで十分解決できていないことを大変残念に思わざるを得ない。日本も先進国の仲間入りをした現在、次の世代を担う若者が日本にとどまらず世界をリードし、地球市民として活き活きと活躍できるように、教育本来の目的を見失っていないか、一人ひとりが考える必要があるだろう。

こうした理念を核にして、電機学校は他校にない様々なユニークな展開を積極的に行い、世の中に驚きの目を持って迎えられていった。

最初の実験室

鉄筋校舎１階の実験室。後の理事長 服部碩彦の設計

1920（大正９）年９月、生徒控所の一部を区画し、仮実験室とした。３キロ直流機、３馬力誘導電動機、３キロ同期機各１台を置き、ベルト運転ができるようにした。その裏に１キロ変圧器６台を置いた。この実験室は、1923（大正12）年の大震災で焼けてしまった。

実験室らしいものができたのは、1922（大正11）年に鉄筋校舎を建築したとき、その１階244m^2（74坪）足らずを実験室にし、強弱の２室を設けたのに始まる。直流電源には15馬力10キロの電動発電機を置いた。実験用電気機械としては、直流複巻機４台、誘導機２台、同期機２台、直流直巻機２台である。弱電実験室の中に光学実験室を区切り、これに長形光度計を備えた。この実験用電気機械は在校生の増加につれて同じ組合せのものが３組となったが、その仕様はまったく最初のものと同じであり、また実験用配電盤も同じ方式を採用している。

TOKYO DENKI UNIVERSITY

生徒第一主義

学校は生徒があって初めて成り立つ。その生徒の置かれている立場や環境を十分考慮することは当然だろう。しかし実際は、とかく教師や学校の都合が優先で、生徒の都合はお構いなしになりがちではないか。現代の教育の問題もそこに原因がある場合が多い。当時も、教師は偉く、生徒は教師に従っていればよいという風潮は色濃かったことだろう。

「学校の存在も細大の校務も、生徒を前提とする。そして本校生徒の多くは、昼の勤務のため復習予習の時間に乏しい。また勤務の都合、学資不足、兵役、健康などのために長い年月通学することができない。これらのことを忘れずに、生徒に対しよい学校にすることを根本義とした。」（『電機学校25年史』より）

まず生徒のことを第一に考え、生徒にとって良い学校になろうとする考え方は、時代を越え学校の理想の姿を示している。開校当時、夜学であったのもそのためだった。この精神は電機学校の主義となり、そこから外れた主張には厳しい態度で臨んだ。

「修業年限を延長すべきだとの主張があるが、これは教官の心理だ。生徒は短期を好んでいる。

神田駅まで続いた下校生徒の波

彼らは、学問は慰めにするのではなく。一日も早く学を終え、就職し親を養いたいものもいるだろう。しかし単にその生徒の試験答案だけを見て、もっと教えないといけないと頑張るのは、入学目的の根本を忘れ、単に、教えることだけに囚われているのである。」

絶対に休講しない

講師は本務を持っており出張や病気でやむを得ず欠勤してしまうことがある。その際には必ず誰かが代わって補講するというものだ。せっかく登校してきても講師の都合で休講では必死の思いで学費を払い寸暇を惜しんで通学してくる生徒に申し訳ないという考えからでた主義で、代講を必ず

長距離教授標準講義録（全24巻）　明治43年に開設した通信教育テキスト

行い廣田や扇本がよく受け持っていた。

アドバンス・コピー（予稿集）の作成

教師が黒板に書いた同じことを生徒がノートに写すのは、時間の無駄だ。そのうえ、仕事の都合や病気で欠席したらまったく内容がわからない。今日は当たり前の教科書も、当時はほとんどが洋書、さらに電機学校の教育の主旨に合うものはない状態であった。そこで、講義内容を事前に生徒に印刷して配り、生徒の負担を軽くし学習効率を上げてもらおうというものだった。これは、アメリカの最新の教授法で、電機学校の最大の特色にもなった。

この究極の効率化は、講師や事務員にとっては大変な負担になった。講師は本職でも忙しいため、自宅まで原稿を催促に行った。入手できたら、すぐ蒟蒻版で印刷（蒟蒻に原稿を彫った）。その結果、時間ぎりぎり、まだ乾かないうちに配ることも多かったという。事務員や生徒有志が毎夜遅くまで残った。横河電機の創業者横河一郎氏の名も記録に残る。その辛さは語り草になっていたが、熱意と使命感がそれを支えた。

短期、随時入学、無試験、懇切、年齢無制限

電機学校の教育思想の一つで、廣田がニューヨーク電気学校を見学した際、電機学校の方針について、後継者の第二代加藤校長に送った文書にその考えがよく表れている。

「いつでも入学させるのは当然である。最近は、3ヶ月以降は入学させない定めであるが、入学したいものを入学させれば、彼らは何かを学ぶであろう。もし落第しても次の学期に役立つだろう。なぜ3ヶ月以降は絶対入学させないなどと言って威張る必要があるのか。」

そして、「短期、随時入学、無試験、懇切、年齢無制限」を永久に実行してほしいと願っていた。

水力発電実験所を後援会から受贈

後援会が寄贈した水力発電実験所

電機学校は1922（大正11）年９月をもって創立満15周年を迎えた。折よく鉄筋校舎が竣工、水力発電実験所も完成し、オーム社も独立した。そこでこの年の10月22日、第28回卒業式を兼ねて、創立15周年と増築落成との記念式典を挙げた。鎌田栄吉文部大臣の祝辞を粟屋謙学務局長が代読、来賓演説は利根川守三郎博士が熱弁をふるわれた。

なお、この日、卒業生、在校生協力の実験設備後援会から寄贈の水力発電実験所の授受式も行われた。この水力発電所は、３馬力のフランシス水車に水車より大きい150馬力用の標準型調速機を取り付けた特異なものであった。この実験所は当時非常な人気を呼んだが、わずか１年にして惜しくも1923（大正12）年の関東大震災で焼失した。その後、創立25周年記念事業として昭和７年に復興された。

教育最優先

そして、生徒のため何よりも教育に尽力した。一流の教育を一流の講師陣で行うことを主義とし、小学校や中学校卒業程度の生徒に、なんと大学とほぼ同レベルの講義を行った。当然教師はどうやって授業を理解させようかと必死に工夫を凝らし、実物を見せるなど、様々な特色ある教育方法を編み出した。さらに教師の資質にも厳しい目を向けた。

「叱ることは良くない。教師の最も注意すべきことは、自分が偉いように錯覚し、また自分が生徒より十数年かかって現在の学力があることを忘れているのである。『退学しかない』などと言うのは最も卑しむべきことだ。教師であれば初心者にもわかるように説明する方法を考えよ。それができなければ、現代に生きる資格がないと反省せよ。叱る先生には先生たる資格はない。先生にはただ、愛を必要とするのである。懇切親愛こそが、先生の価値である。」

そして教育への情熱は、生徒だけにとどまらず、新しい知識を求める人の希望に応える様々な方策として展開させていった。

優れた賛成者・講師陣

設立に賛成者となった創立者の恩師、先輩は錚々たる顔ぶれだった。

・東京帝国大学工科大学教授　工学博士　中野初子（3代電気学会会長）
・逓信省電気試験所長兼東京帝国大学工科大学教授　工学博士　浅野應輔（4代電気学会会長）
・東京帝国大学工科大学教授　工学博士　山川義太郎（5代電気学会会長）
・東京鉄道株式会社技師長　工学士　児玉隼槌
・東京電灯株式会社技師長　工学士　中原岩三郎（9代電気学会会長）
・東京帝国大学工科大学教授　工学士　鳳秀太郎（8代電気学会会長）
・東京帝国大学工科大学助教授　工学士　荒川文六（20代電気学会会長）

中野、浅野両氏は日本の電気工学・電気事業の育ての親だ。賛成者のほとんどが電気学会会長を歴任するなど日本を代表する学者、産業人で学校設立の趣旨は間違っていなかったことを創立者は実感した。

さらに講師は、産業界で活躍していた数少ない工学博士や帝国大卒の工学士が多数名を連ね、

実演室の誕生

服部碩彦理事が意をそそいだ実演室

日本初のテレビ実験風景
昭和３年11月29日東京日日新聞掲載写真

階段教室で教師が実験を行い、ときには生徒にも出てもらい一緒に実験し、それを多くの生徒に見せたいという年来の希望が、1928（昭和３）年、元中央大学の武道館を改造して実現した。この設備で一番苦心したのが透写式計器であった。これは計器の文字盤を透明なガラスでつくり、これを下からレンズを通して照らすと、指針と目盛が上部の傾斜盤に大きく写るという方式である。

実演して見せる実験は弱電から強電まであらゆる分野に及んだ。実験の１つひとつに対し、大きな木製の配線盤を用意し、教卓の前面に斜めに立てかける。配線盤には一々接続を色ペンキで明示した。畳半分を超す大きさのP.O.ボックスなどもつくられた。実演して見せる電気機械は、車輪付きの架台に乗せ移動式とした。透写式計器は横河電機製作所に依頼して、直流、交流の電圧計、電流計はもちろん、電力計や速度計まで製作してもらった。準備室には電源用の電動発電機２組を据え付けた。20数枚の移動配線盤、50余の透写式計器、教室は暗幕を施し映画や幻燈に使えるようにした。

この実演室は1928（昭和３）年10月から授業時間に組み入れて使用し、大いに異彩を放った。収用人員は250名。高柳健次郎氏の日本初のテレビジョンの公開実験もこの実演室で行われた。

最初の自己所有の校舎

小さな学校に光り輝くほどの講師陣がそろった。

昼は激務にありながら、生徒達の回想には「同僚にでも話すような態度で至って親しみやすかった」、「先生同士でも講義を聞きあった」、「友達のような気持ちで教えられた」と記されている。

校舎は小さく、生徒は年齢もばらばら、学力は中学校卒業程度。作業着で通学する生徒もいたみすぼらしい学校。そこで日本の第一線で活躍している人を教師に実地に勉強ができる。しかも熱心で懇切丁寧。生徒の喜び、感謝の気持ちが伝わってくるようである。

実学重視

今日でも、知識重視型の大学教育を受けた人は企業に入ってから〝理論はよくわかっているがモノをつくれない〟傾向があるといわれている。もちろん理論は重要だ。しかし多くの人に科学技術の成果を、製品という形を通して還元し、人々の生活向上に寄与させるためには、実際にモノ（現在ではソフトウェアも含めて）という形をつくり上げていかなければならない。そこには知識だけでなく、実際に役に立つ、実際にモノをつくり上げられる経験や知恵も大切な要素になってくる。

例えば、身近なネジの頭に小さな丸穴があるものがある。機能としてはドライバーを差し込み、ネジが締まればよいので、マイナスかプラスの窪みがあれば完成だ。設計者はここまではできる。しかし実際にこれを見た技術者は良しとしなかった。小さな丸穴があるだけでネジの強度が格段に増すことを知っていたのだ。これは第一線の技術者は知っているが、設計しかしたことがない技術者にはわからないことだった。

技術の周辺にはこのような例は多数ある。機械は設計図面どおり寸法きっちりにつくったら軋むだけで動かない、特に医療や介護など人間に関する技術には、必ずあそびを入れる。それは現場を知っている人間でないと技術に組み込めない内容といえる。建築でも図面どおりに建物が建つわけではない。地面は水平とは限らないし、素材も指定どおりに入手できるとは限らない。ものづくりができる技術者がその間を取り持っているのだ。

創立者は、第一線で働いている技術者が役に立つ教育を最も重視した。そして実物を見せて説明する教育、実地にやってみる教育を工夫した。基礎学力が決して十分とはいえないが、やる気と必要性には満ち満ちている生徒にいかに理解しやすく教育するかを極めていった。現在でも、科学技術の発展により分野は大きく広がったが、その基本となる教育理念は東京電機大学に深く息づいている。

実物説明による丁寧な教育

実学尊重の方針、さらに生徒にどうやって理解してもらうかを考えると、自ずと重視されるのは実物を目の前にした説明、実地に行ってみる教育にたどり着く。だから設立趣意書には「実物説明を旨とし、実地演習の便を供し、実用と且つ速成とにのっとり」と謳い、役所に届けた学校

NHKに先駆けて実験放送を開始

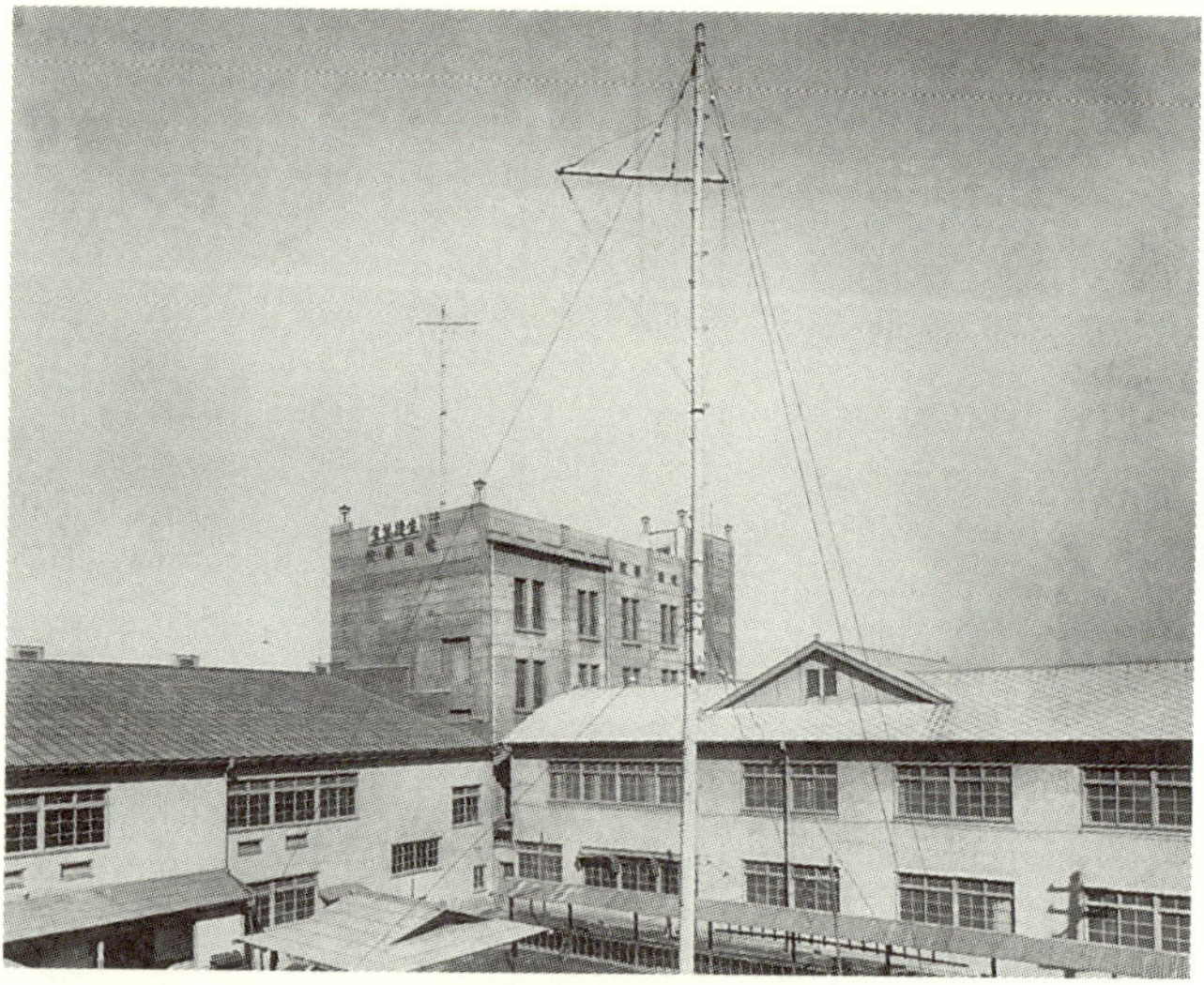

JOAKに先駆けて行われた実験放送（JMYA、波長320～330m）

校舎の一部に設けた弱電実験室内に無線実験を行うことができるようにして実験局の認可を受けた。鉄筋屋上と地上とに木柱１本ずつを立て、これにT字形のアンテナを張った。呼び出し符号はJMYA、波長は320～330m、実験時間は午前９時から午後４時までで、出願が1924（大正13）年６月、使用許可が同年12月１日であった。NHKの設立は1926（大正15）年８月、それに先立って愛宕山から放送が開始されたのが1925（大正14）年４月であるから、それに先立つこと４ヶ月、たいてい毎土曜日の午後実験放送を行いラジオ・ファンから喜ばれた。

1929（昭和４）年１月から呼び出し符号がJICOに変わり、1930（昭和５）年２月、周波数が1,277kc（235m）になった。ちょうどそのとき、第１校舎を建築中であったので、４階屋上に２本のコンクリート柱を立ててアンテナを張り、４階踊場の１室を無線実験室にした。

規則の3項目に「特色　もっぱら実物説明の方法による」と明記したのだった。

しかし当初は、校舎は間借り、雑事多忙を極め、すぐには実現できなかった。そこで生徒の希望を聞き、火力発電所、工場、火力・水力発電所の見学を行った。それでも生徒には大きな感動で受け入れられた。

「特別高圧長距離の電力輸送としてはこれが実にわが国最初のもので、大変珍らしかった。碍《がい》子《し》（電柱等に電線をかけるとき絶縁に使う陶器のこと）の大きさは擂鉢程もあった。武蔵野を走る車窓から、見え隠れする送電線を指示しては、先生方が説明して下さるので、参加者一同は、百聞は一見に如かずという本当の意味を体感した」。

その後、自己校舎をもってからは、独創的な実演室や教育用の実験装置を自作するなど充実に努め、生徒に感激を与えるとともに、電機学校の特色として高い評価を得た。1928（昭和3）年階段教室の実演室の改造、透写式計器、各種大型ブリッジ、移動配電盤など教育効果の大きい、実演用機器装置で開設当初から大いに注目された。

学校発展に向けた挑戦

一方、学校の運営にあたっても、斬新な展開を行った。一つには新しい学問を全国で必要としている人に届ける新しい工夫がなされていった。そこには生徒第一主義を広く展開する意気込みがあった。

出版部の設立（明治40年）

電機学校の志は高かったが財政は余裕がなく、学費だけでは運営がままならなかった。一方、社会では電気に関する知識は渇望されていたが、良書は少なく、書籍、講義録、雑誌、新聞の発行などは社会から望まれていた。そこで、電機学校で蓄積される知識を出版し、販売することで利益をあげ、学校運営に供するため出版部が創立と同時に設立された。

これは、寄付に頼らない運営を目指し、独立独行を面目とした創立者の強い意思のあらわれでもあった。1914（大正3）年には雑誌『OHM』（扇本、廣田、丸山（当時の教頭）の頭文字でもある）を出版し、大正11年には株式会社オーム社を設立し独立を果たした。現在の科学技術大手出版のオーム社に成長していった。

電気雑誌『OHM』創刊号（大正３年）

同窓会の設立と社団法人化（明治42年）

設立当時は第1回と2回の卒業生のみの35名だったが、１９０９（明治42）年には同窓会が早々に組織された。学校の発展に伴い急速に会員が増加し、同窓会誌も１９１２（大正元）年に第一号を発行している。一方、逓信省では電機学友会を１９１３（大正2）年に設立した。大正12年には社団法人となった。国内でも珍しく、視野の広さが伺われる（１９２８年に名称を電機学友会に改称）。

パワーエレクトロニクスの先駆－電動力応用研究所

発足当時の電動力応用研究所と初代所長 竹内寿太郎教授

電動力応用研究所は、大学の付属機関として、故竹内寿太郎教授の提唱によって1951（昭和26）年７月１日に設立された。当時、戦後の混乱期もおさまり世情は次第に平穏になりつつあったが、研究環境は極めて悪く、研究者はその研究方向についても暗中模索の状態であった。そのようななかにあって竹内初代所長はいち早く当時の言葉でいう「強電と弱電の組合せ」の重要性を強調され、自らも今日のパワーエレクトロニクスの先駆者として、その理論の展開ならびに応用について精力的に研究をされた。

開所当初、所長以下４人の少人数で発足した研究所も年を追うごとに発展し、その研究成果も著しく、設立から1968（昭和43）年までの研究論文および著書はおおよそ200件、特許は45件にも上った。

校外教授執務室（昭和6年撮影）

財団法人設立（大正5年）

それまで廣田・扇本の個人経営であった本校は電機学校関係の一切の私財の寄付により当時としてはまだ数少ない公的存在になった。法人組織になって「われわれの電機学校」ということを強く意識するようになり、学園にも明朗闊達な気分があふれ、その後の発展の基礎を築いた。

校外教授（通信教育）の開設

現在の通信教育である。もともと本校は夜学校として開設した。しかし人里遠い山奥の発電所や東京であっても時間がないため昼も夜も通学できない人がいる。そこで学校設立後わずか3年後の

1910（明治43）年に通信教授制度を始めた。当時これを校外教授制度といい、その教科書にあたる講義録を長距離教授（テレゴグ）といった。

期間がないので、いつ読み始めても、読み終わってもよく、講義録には毎回試験問題と質問要旨を添付、何度でも質問すれば答える。そして試験問題をクリアすれば校外卒業生として修業証書を得られた。希望すれば卒業試験も受験でき、卒業証明書も取得できた。しかも上京する場合の旅費は補助されるし、主要地方都市には職員が出張し集合試験を行う方法をとり、生徒の便宜を図った。

こうした親身になった試みは日本でも先駆け的存在であった。さらに講義録であったテレゴグは全24巻にも上り、熱意あふれた内容でこれだけでも読みたいという人が増え、出版も行った。

社会教育への取組み

さらに、多くの人に知識を普及するため、夏休みを利用して地方で講演会を開催する「通俗電気講演会」、小学校にでかけ生徒やその家族を対象にした「小学校出張講演会」を開催、逆に本校に来てもらい実演を見せながら講演する「実演室への呼び寄せ講演会」を開催した。さらに小

電気をやさしく解説した通俗電気講演会（第１回は福島市で開催）

学校の教員に電気を知ってもらうための「小学校教員に対する電気工学講習会」、「専門家を対象にした夏期講習会」などを次々と実施し、数千名の参加があり盛況だった。

また博覧会や展覧会にも積極的に出品するほか、「生徒を教えるばかりが学校ではない」として校舎に陳列窓を設け電気機器を展示をし、世間を驚かせるなど、社会教育に積極的に取組んだ。この志は生徒にも及び、１９２９（昭和４）年には熱心な生徒が中心になり電機学校展覧会が開催され１万人を超す来館者を得て大好評を博した。

三つの主義で実る成果―校勢の拡大

「一流の講師が、最新の講義を、しかも現物を用いながら懇切丁寧に教えてくれる。」こうした情報は急速に広まり、あっという間に当初の生徒数は増加していった。1926（大正15）年には生徒数1万1000名に達し、1933（昭和8）年には、役員11名、職員68名、講師70名、校内生4249名、校外生1万8325名、そして卒業生は2万5504名を数えるまでに校勢が拡大した。下校する生徒の波が神田駅まで続いたといわれ、神田の電機学校の名は全国に知れ渡るようになった。

創立から25年を記念してつくられた年史には卒業生の誇らしげな言葉が収録されている。

「母校は今でこそ内容外観ともに立派なものだが、私の通学した大手町校舎などは実に惨めなものだった。…初めて母校を見たときの感想は『こんなちっぽけな学校で…』という一語に尽きた。いよいよ通学してみると、先生方は皆熱心であった。学友には世帯持ちもあり、小倉袴（木綿地の質素な袴）の少年もいた。（中略）こうして当時を追想するとき、初めて学校に対面して『ちっぽけだなア』と感じたあの校舎が懐かしい。」

駿河台上空より校舎を望む（昭和６年撮影）

「母校の現状とわれわれの在学当時とを比べただけでも、使い古された言葉だが、誠に隔世の感がある。わずか十数年の間のことは思われない。校舎といい、いろいろの設備といい、教授法といい、誠に異常の発展を示している。24年間に、毎年平均１千名の卒業生を出した学校が他にあろうか。」

「私は母校の精神に培われた一人として、母校が今日のように大きく発展したのは決して偶然ではないと確信している。これはつまり、意気と熱と、生徒に対する慈父のごとき愛情との結果だ。諸先生は老いても、母校の校是、特有の伝統的精神の滅びない限り、母校は永遠に栄えることを信じ、創立25周年を心の底から祝福します。」

電気事業主任技術者資格検定試験

また教育の成果は、1911（明治44）年に行われた第一回電気事業主任技術者資格検定試験でも発揮された。これは電気を取扱う技術者試験として現在でも人気が高い試験だが、当時合格者19名中、本校関係者は4名を数える快挙をなしたのだった。その後、1932（昭和7）年には455名の合格者のうち、本学関係者は207名と全体の45％を占めるまでになり本校の名をいっそう高めた。今日では電気主任技術者試験、いわゆる電験として第一種から第三種まで扱える電圧によって分類され多くの受験者が受験している。

NHKに先駆けてラジオ実験放送

無線実験のための実験局設置の許可を受け、1924（大正13）年12月1日に使用許可をえて実験放送を開始した。現在のNHKの設立は1926（大正15）年8月、愛宕山からの放送開始はそれに先立つ1925（大正14）年4月だった。呼び出し符号はJMYA、実験時間は午前9時から午後4時で、ラジオファンから喜ばれた。

本邦初のテレビジョン公開実験

テレビの父といわれる高柳健次郎氏のテレビジョンの公開実験が本学の階段教室の実演室で行われた。これは電気学会東京支部が主催したものだった。当時テレビは相当の電力が必要で、一般の施設では対応できず、当時支部長だった電機学校の加藤校長が、生徒の前で実験できる設備があるということで、実現したものだった。1928（昭和3）年11月満員の聴衆が本学でブラウン管に映る文字などを見入ったと記録にある。

電気自動車の実験

「アメリカはガソリンが豊富だが、日本には水があるのみだ。日本はすべてをアメリカにまねる必要はない。水が豊富な日本は水を利用すればよい。電気自動車の製作はガソリン車ほど困難ではない。製品も外国製品以上のものができる。」として、昭和の初めにすでに電気自動車の製作を行い、皇居での実験走行中に、飛び出した見物人をよけたため、お濠に転落したという逸話が残っている。

昭和12年完成の第一校舎

多くの活躍する卒業生

電機学校で学んだ知識を活用し、多くの卒業生が社会で活躍をしていった。学校の何よりの成果であった。『電機学校25年史』には卒業生の活躍という項目を設け、産業界での活躍の内容を紹介している。

大学の発足

このように基礎を築いた電機学校は、創立者の意思を継いだ第二代の加藤静夫校長の時代にさらに発展し、1939（昭和14）年には東京電機大学の母体となる東京電機高等工業学校を、また東京電機大学高等学校の母体となる東京電機工業学

大学発足時の教授陣

校を設立した。

そして第二次世界大戦を経験しながらも１９４９（昭和24）年にはファックスの育ての親で日本の10大発明家に数えられる丹羽保次郎博士を学長に迎え大学設立を果たし、日本の発展とともに大きく発展を遂げていった。

第4章

TOKYO DENKI UNIVERSITY

学長が語る 21世紀の大学

東京電機大学　学長　原島文雄
昭和15年2月、東京都に生まれる。
昭和42年3月、東京大学大学院工学系研究科電気工学専攻博士課程修了。
平成16年6月、東京電機大学学長就任。

大学の使命は知の継承と創生

――大学は、教育や研究を担うことを社会から求められていると言われています。学長は、教育と研究に長く携わってこられたわけですが、大学の使命についてどのようにお考えですか。

原島学長　わたしが大学の先生になって、もう38年、大学に入ってから半世紀に近いですから、ほんとうに随分長く大学にかかわっていますね（笑）。

大学の使命は、言うまでもなく「教育」と「研究」です。別の言葉で言うと、「知の継承と創生」です。われわれ人間はそれによって文化を発展させることができた。そこが動物と違うところですね。われわれが、現在、きわめて質の高い生活レベルを維持し、知的な生活を楽しむことができるのも、人間が「知の継承と創生」のシステムを発明したからですが、そのシステムの最大の担い手が大学といえます。

具体的には、小学校くらいから教育が始まりますが、大学の学部までには知の継承をします。人間が積み上げてきた〝知〟を習うことによって継承する。学部を卒業する頃、卒論を書くあたりから、〝知〟をつくるほうの初歩的訓練が始まります。そして、大学院の修士課程は「知の継承と創生」が半々くらいでしょうか。そして、博士課程で「知の創生」を本格的に始めます。

わたしは大学の先生を何十年もやってきましたが、最初の30年以上は研究所にいたため、実は教育のことにはあまり関与しませんでした。ところが、1998年に東京都立科学技術大学の学長を、そして2002年から本学の学長を務めるようになり、大学の使命である「教育」について深く考えるようになりました。

学生というのは20歳前後ですね。最初は、こんな若い人とつきあうのか、ということにびっくりしました。考えてみれば、当たり前な話ですけどね(笑)。彼らはこれから50年以上生きるだろう、21世紀の半ばまで生きるに違いない、という、これも当たり前のことに気がついて、人間が「知の継承と創生」のシステムとして発明した大学というシステムのなかで、われわれは何をすべきか、そして何ができるかということを考えました。

20歳の学生にとっての50年後の科学技術

――科学技術が人類にとって果たしてきた役割は大きいです。今の20歳の学生たちにとっての50年後というと、どんな社会になっているでしょうか。

原島学長　科学技術がいつから始まったかというと、紀元前7世紀のギリシアの哲学者タレスからという説もありますが、もっといえば古代エジプト文明の時代から、6000年くらいの歴史を持っています。6000年というと長いようですけれども、人類の歴史は何十万年ですから、科学技術の歴史はそのうちのたった6000年とも言えます。わたしは60年生きていますから、人類の科学技術の歴史の1％です。1％というのは大きいですよ。科学技術で1％誤差があったら大変ですから（笑）。

確かに、20世紀に科学技術は長足の進歩を遂げました。しかし、わたしが過去40～50年つきあってきた科学技術は、少々間違った方向に行ったのではないかと考えています。つまり、資源浪費型の経済的風潮の流れにのり、地球を壊してしまいました。

科学技術や工業の発展により、われわれは非常に豊かな暮らしを手にすることができるようになりましたが、このままでは人類にとっての地球はなくなってしまうかもしれないという危惧をもっています。

エコロジカル・フットプリント（Ecological Footprint）という考え方があります。人間が自然環境に与える影響を土地の面積でわかりやすくあらわし、地球の持続性を考えようというものですが、世界自然保護基金の公表している『Living Planet Report 2004』では、世界の人々が日本と同じ生活を始めたら、地球が2・4個必要だといっています。もちろん地球は1個しかないわけですから、このままでは人類にとっての地球はなくなる。地球そのものは、人間が死に絶えてもずっとあるでしょうが、人間にとっての地球がなくなるということになります。

しかし、人間は賢いですし、もうコントロールを始めていますから、たぶん、生き残りに成功するでしょう。コントロールするには、これから40～50年、たぶん、今世紀の半ばまでかかるでしょう。そして、今、20歳の学生たちが生きる50年後は、おそらく循環型社会に入るだろうと思っています。

それで生活レベルが下がるのかというと、決してそんなことはなくて、たぶん、新しい価値観をつくって、別の成長をするのでしょうね。大学は、そのための文化をつくらなければいけないのです。社会というのは放っておくと、戦争と浪費ばかりしたがりますからね（笑）。

大学には、次の社会の価値観、文化を提言し、つくること、そして社会に対して、それを表明していかなければいけないという責務があると思っています。

――まさに、それこそ大学の使命と言えるのかもしれません。

原島学長 ええ。もちろん、このままいっても人間は生きていけるかもしれません。しかし、「どのように生きていくか」ということを考えることが大事ですね。

50年後の社会では、人間は科学技術に支えられた知的な生活をするでしょう。エネルギーや食料もそんなに心配しなくてもよくなるでしょう。科学技術は人間の知的生活を支える道具として発展するでしょうが、大切なことは、人間自身が科学技術によって振り回されるのではなく、科学技術を正しく使うことができるようにならなければいけないということです。つまり、科学技術によって支えられる知的な社会を構築できる力を持つということです。ここで教育の重要性が出てきます。質の高い教育を受けることによって、初めて知的な社会をつくることができるのです。

式辞は学長の大切な仕事

――大学に携わる者として、身の引き締まる思いがいたします。学長が学生と初めて顔を合わせるのは入学式ですね。

原島学長　そうです。わたしは学長の一番重要な仕事の一つは、入学式と卒業式の式辞だと思っています。3月の末と4月の初めに一番頑張らなきゃいけない。あとはわりとボーッとしていてもいいけどね（笑）。

1年に、たった2回のことですが、わたしはこれほど真剣な聴衆を見たことがない。正直言って、学会の講演会、国際会議などの聴衆に比べて、熱気がまるで違う。だから、そのときに話す内容をつくるときは、ものすごく時間をかけますし、それこそ真剣勝負です。

実は、昔の式辞の一部を見つけたのですが、ちょっとご紹介しますと、

「五十数年前、ちょうど1950年になったとき、わたしは小学校の4年生だと記憶しています。第二次世界大戦の末期に物心がついて、戦後の混乱期に育った私としては、ただのわんぱく小僧だったのですが、あるとき、やはり大学の先生であったわたしの父親が次のように言ったのが印象的に思い出されます。

『今、ちょうど20世紀の半ばである。おまえたち子どもは、50年後の21世紀まで生き延びるであろう。日本は戦争ですべて破壊されてしまったが、21世紀は平和で戦争のない豊かな社

会を迎えてほしい』」。

父親は大学の先生だったのですが、子ども5人を集めて、こう言ったのです。わたしは、当時小学校の4年生ですから、どのくらい理解できたかはわからないのですが、そう言われたことは覚えています。今になってみると、あの戦争を経て、親の世代が自分の子どもの世代にどんなことを期待したのかということがよくわかります。そして、

「つい最近まで、わたしたちの世代は、少なくとも日本では平和で戦争のない豊かな社会を築いてきたと誇りに思ってきたのですが、この誇り、そして自信もわれわれ世代が起こした環境問題の深刻さによって、かなり揺らいでいます」。

というのが、われわれの世代の心境なのです。

最後に、

「今世紀の半ば以降の時代、50年後の社会に向けて、皆さまへの期待を申し上げます。五十数年前、わたしの親の世代が戦争で破壊された日本を次の世代に残したことを詫び、次の世代が平和で豊かな社会を築くように期待したように、今、わたしどもの世代は豊かな世界を追求するあまり、環境が破壊されつつある地球を次の世代に残すことをお詫びするとともに

に、皆さま方に人類の叡知を尽くして、環境問題を解決して、21世紀の半ばまでに美しい地球の上で、人類が知的なかつ健康な生活を送れる社会を構築されることを期待します。」

このように式辞で述べたのですが、親の世代から子の世代へ50年単位で出された宿題は、一見、成功したかに見えたのですが、さらに深刻な問題を起こしてしまい、形を変えて、また次の50年の単位で次の世代に引き継がれることになってしまったのですね。これはわれわれにとって非常に胸が痛むことです。

20歳だった頃を振り返って

——ところで、学長はパワーエレクトロニクス、メカトロニクス、ロボット工学などの研究をずっとなさっておられますが、では、ご自身が20歳の頃を振り返って、どんなことを考えていらっしゃいましたか。

原島学長　実は、わたしは高校3年生まで、作家になりかかったんです。だけど、悪筆でしてね。ほかの人が、わたしの字は読めないというのです。当時、ワープロがあれば、悪筆などということで悩まなかったかもしれませんね（笑）。

ともあれ、自分は作家としての才能もないのではないかと見切りをつけて、理工系に移ったのです。そこで、あまり努力しなくても、あるところまではいけた。ほかの人から見れば、才能があっていいなと思われるかもしれないけれども、これは決していいことではないとつくづく思いましたね。科学技術でも、スポーツでも、芸術でも、それこそ、入れ揚げて、時間をかけなければだめなことがあるということです。お茶でも、型をきちんと覚えて、最後に神髄にいくわけです。スポーツだってそうでしょう。野球の選手などは、同じことを朝から晩までやっている。体で覚えるのです。そうじゃないと、絶対に一流にならないですね。確かに、才能があって、それほど努力をしなくても、そこそこのレベルにすぐ達することができる人たちはいます。しかし、体で覚える努力をしなければ、一流にはなれないということです。

もう一つは、わたしが大学生のときは60年安保だったのです。第二次世界大戦が終わった1951年に、吉田茂内閣が日本国とアメリカ合衆国との間に安全保障条約（旧日米安全保障条約：安保）を結びました。60年安保とは、岸信介内閣の時代に改定されたものですが、衆議院での強行採決を機に、一般にも反対運動が高まりました。そういう時代のなかで、わたしが何を覚えたかというと、すべて「批判的に見る」ということです。研究者にとって、これは大切な資質です。われわれは、前の世代からの文化や科学技術を継承するのですが、そのときに必ず批判的な目で見ているのです。だから、進歩するわけです。これは大学時代の学生運動で教わったことかもしませんね（笑）。

――クリティカルシンキング、そういうものの考え方ですね。

原島学長 そうです。しかし、日本でクリティカルシンキングを教えているのかというと、甚だ疑問ですね。

自由主義というのは、すべてクリティカルシンキングがないと成り立たないのです。要するに、社会を発展させる道具なのです。ところが、日本だと、ひねた人間の発想と思われる（笑）。

しかし、これは教育にとって非常に大事です。先生にクリティカルシンキングの習慣があれば、学生たちはそれを必ず見ています。20歳前後はものすごく感受性が強い時期ですからね。これは大学の先生にとって、非常に大事な資質であると言えます。

感性の科学技術を目指そう

——原島学長は、「科学技術が文系化してくる」というふうにおっしゃっておられます。東京電機大学の前身は、1907年に設立された電機学校ですが、電気や機械の分野で日本の産業界に大きく貢献してきました。先ほど、21世紀の科学技術は、価値観の変換が必要ですというお話がありましたが、これは「科学技術の文系化」ともつながることなのでしょうか。

原島学長　わたしは、20世紀の科学技術は、基本的に「何ができるか」という価値観に基づいていたと思っています。いかに速いか、いかに小さいか、いかに精密かというように、チャンピオンデータを争っていたのですね。スポーツでもそうでしょう、どれだけ速く走ることができるか、どれだけ高く飛ぶことができるか、どれだけ速く泳ぐことができるか、どれだけ重いものを持ち上げることができるか。ところが、最近では、例えばシンクロナイズドスイミングや新体操のように、人間の感性で評価するようなスポーツに人気が出ていますね。科学技術も完全にそういう状態に入りつつあります。

もちろん、チャンピオンデータを争うことも必要です。チャンピオンデータを争うということは、「何ができるか」という価値観に基づいた科学技術ですね。それに対して、これからは「何をすべきか」、「何をすべきではないか」、「何をしたいか」が重要なテーマになると考えています。その選択の中から科学技術が生まれてくるという時代に入ったわけです。

――スポーツの世界と似ていますね。

原島学長　スポーツというのは、10年くらい前まではとにかくデータを争っていましたね。けれども、今はかなり人間の感性で評価しています。科学技術も完全にそういう時代に移りつつあるということですから、これは人類の文化と言えます。

――スーパーコンピュータで演算能力を高めるという、それは今でも行っていますが、それはむしろ手段であり、それを使って何ができるかということを考えることが大切だということですね。

原島学長　おっしゃるとおりです。昔は、手段と目的の区別がつかなかったのではないですか。手段がなければ目的を達成できないわけですから、とにかく手段を大事にしようということだったのでしょうね。

それから、「科学技術の文系化」という話ですが、「何をすべきか」「何をすべきではないか」「何をしたいか」というのは、科学技術とは関係ないですね（笑）。

――確かに（笑）。

原島学長　本学に、文学部をつくろうとは思わないですけれども、科学技術は自然と文系化していくだろうと思っています。人間の感性の世界に入ってくるわけですから。

科学技術をやる前に、まず「よき市民」であってほしいのです。リンカーンのゲティスバーグの演説を借りていえば、「人間の、人間による、人間のための科学技術」ということですね。「人間中心」の科学技術を進めるため、文理融合といってもいいかもしれませんが、科学技術の文系化が必要だと思っています。

――それは、日本の大学全体の流れなのでしょうか。

原島学長　そういう方向性を掲げている大学はあまり見たことはないですね。ただ、わたしは、そういう方向に動いていくだろうと思っています。

例えば、100メートルをどのくらいの速さで走ることができるかということだけを評価するのではなくて、全体の美しさでも評価する。しかし、忘れてはならないことは、基礎は100メートルを速く走るということです。速さだけではなく、感性や文化に根差した評価をするということですから、もう一つ上のレベルをめざしているということです。

――できれば、他大学に先駆けて新しい大学をつくりあげたいですね。

原島学長　そうですね。世の中全体がそういう方向にいってほしいと思っています。

大学が社会の価値観を変える

――本学は創立100周年を迎えるわけですが、社会における本学の役割を考えるうえでも、この100年周年は大きな節目になると考えられます。人口減少時代を迎え、大学も大きく変わらなくてはいけないということでしょうか。

原島学長　本学は2007年に100周年を迎えるわけですが、先ほど言ったように、社会の価値観が大きく変わりつつあるこの時代に、われわれは価値観の変化を追いかけるのでなく、リードしたい、自分たちから発信したい、これこそ、TDUイノベーションだと思っています。これは内的条件です。

一方、外的条件もあります。例えば18歳人口が急激に減ることによる大学はどうあるべきかという問題もありますが、今の教育制度は100年以上前に完成したものですね。今から100年前、1900年頃の日本人の平均寿命は40歳と推定されていますが、現在は80歳を超していいます。

平均寿命が40歳のときと80歳のときと、大学のシステムが同じということ自身、どこかおかしいというか、システムが今の時代に全然合っていないわけです。例えば欧米では、ダブルメジャーのように二つのメジャーをとるということで、2倍勉強して2倍の有効な人生を送ろうという考え方もありますが、日本ではなかなかダブルメジャーは進んでいません。しかし、人生80年に合わせた、息の長い教養を身につけてもらいたいと思っています。

TDUイノベーション

――社会が大きく変化しています。社会のなかにある大学も大きく変化せざるを得ないということでしょうか。

原島学長　そうです。教育については、先ほど「数値を競う教育から、価値観を確立する教育に変えていきたい」と申し上げました。

「最近の小学生は算数ができない」、「分数が計算できない」、「自分の考え方を相手に伝えられない」とよく言われます。確かにこれは問題です。算数と国語は基本ですから。こういうことに対してはきちんと教育しなければいけないと思うのですが、それはそれとして、子どもたちはコンピュータゲームのなかのロールプレーイングゲームは実にうまい。自分はどんな資源を持っているかを把握して、そのなかで策略をつくって、ゴールに到達する。

昔のゲームというのは、スーパーマリオブラザーズのように、ピュッと正確に飛んで、きれいに着地させるように、要するにダイナミックスの逆問題を解いていくわけです。どのくらいのところでどのくらいの力を出せばいいかという、これは数値の世界なのです。わたしにとってもスーパーマリオはものすごくおもしろかった。けれども、今の子どもたちにとってはロールプレーイングのほうがずっとおもしろいようですね。自分が何をどのくらい持っているか、目的を達するためにはどういう策略を立てればいいかという、ゲームの理論です。要するに、数値の問題から、そっちに関心が移っているのです。だから、教育も明らかに変えなければいけないわけです。

数学の知識も変化しています。例えば、ある分野では、必要な数学が、微分方程式からファジーロジックに変わっているし、ほとんど数値を使わないような、論理だけで物事を詰めていくこともやっています。もちろん、これは片方ができればいいということではなくて、両方を知っていなければいけないのですが、世の中の流れをきちんと知ることはとても大切です。

これはソフト面での変化といえますが、21世紀の大学はソフト面、ハード面でも変革していかなければいけないでしょうね。

――本学も100周年を契機に、大きく変革しようとしています。

原島学長　ええ。ハード面では、神田地区の再開発を推進し、新しい建物をつくろうと考えていますが、これはインフラストラクチャーというううえで大事なことです。

もう一つは、e-キャンパスです。キャンパス間を結ぶギガビットのネットワークを構築して、遠隔授業を進めています。インターネットは人類の長い夢であったテレパシーを工学的に実現したものですが、これにより時間・空間を超えた通信が可能となり、新しい教育の可能性が出ています。数年のうちにかなり立派なe-キャンパスができます。インフラストラクチャーとして重要な建物と情報を完備しようということです。

それとあわせて、本学の教育理念が社会に明確に一目でわかるような学部編成を進めています。

21世紀の東京電機大学の教育戦略

――本学の教育理念は、初代学長であり、ファックスの通信方式を確立した日本の10大発明家の一人である丹羽保次郎の言葉、「技術は人なり」にあらわされています。「完成した総合技術には、技術者の人格が自ずとあらわれています。科学する心と広い視野を持ち、信念を持って行動する人。優れた技術を身につけるとともに、人間の品格と素養を磨き、自己成長に努める人。本当に優れた科学技術はこのような人から生まれます」。これが本学の基本理念です。

原島学長　「技術は人なり」は現代にも十分通用すると考えています。その理念に沿い、しかも21世紀を見据えた教育のための学部の編成を行っています。

現在、本学には、神田キャンパスに工学部、鳩山キャンパスに理工学部、そして千葉ニュータウンキャンパスに情報環境学部の3つがあります。工学部と理工学部は、高度成長期にどんどん拡大してきました。その当時は社会から必要とされたのでしょうが、現在は社会とのミスマッチを来していると言わざるを得ません。拡張してきたがために、本学のアイデンティティが見えなくなってしまった。そして、全体として、かなり大きいという印象も持っています。

情報環境学部は2003年に改革して、新しい方向を打ち出していますので、ここでは教育戦略として、工学部と理工学部を取り上げます。

一つは、伝統的な科学技術の基盤となる知を継承する工学部です。本学においては、電気電子工学、機械工学は１００年の歴史があります。これは絶対に必要です。

二つ目は、現時点において必要な科学技術に特化した学問を学ぶ理工学部です。例えば科学技術総合会議が、今後10年20年に必要な科学技術として、バイオ、ナノ、情報通信、環境という4つを出していますが、社会で必要とされる科学技術を育てるということです。

三つ目は、新学部をつくろうと考えていますが、新しい工学、未来を志向した未来科学部です。何ができるかという数値を競う時代から、今世紀は「何をしたいか」、「何をしてはいけないか」、「何をすべきか」を選択する時代だと言いました。人類が環境問題を解決し、美しい地球の上で、科学技術に支えられた知的かつ健康な生活を送ることができる社会をつくる、これが新しい学部のめざすミッションです。

過去・現在・未来をつなぐという教育戦略です。

工学とは目的をもってデザインすること

――工学部と理工学部において、それぞれの個性を鮮明に出す取組みを進めているということですね。まさにTDUイノベーションと言えます。

原島学長　科学技術というのは、われわれが「何をつくるのか」という、トータルなデザインから始めるわけです。工学というのはデザインなのです。

余談になりますが、理学部のナチュラルサイエンスと工学部の一番の違いは、自然科学というのは、キリスト教的にいうと、神さまがつくった唯一の宇宙の仕掛けを調べることなのですね。エンジニアリングは何かというと、神さまのつくった宇宙を人間の都合のいいように変えることなのです（笑）。人間の感性によって、それをつくり変えることなのです。

例えば生物がいくら進化したって、自動車やテレビは出てきません。これは、人間がつくろうと決めたからできたのです。もちろん、自然科学の原理は使っていますが、それは道具として使っているだけです。一番典型的なのは、インターネットです。先ほどインターネットは人類の長い夢であったテレパシーを工学的に実現したと言いましたが、人間はテレパシーをずっと研究してきました。世の中に何万人に1人、明らかに持っていることがわかっていましたから、一生懸命研究した。これはナチュラルサイエンスの仕事です。ところが、いくら調べても、それの仕掛けがわからない。仕掛けがわからなければ、再現性がありません。再現性がないということは、設計できませんから、つくれないということです。それで、テレパシーの研究をあきらめて、コンピュータと光ファイバーで同じようなものをつくってしまえといってインターネットをつくった、これが工学です。

——「工学はデザイン」というのは、具体的にはどういうことなんでしょうか。

原島学長　最近は、デザインという言葉のほうがわかりやすいかもしれないんですが、要するにシステムをつくることです。ある目的が先にあって、道具は自分たちで選んできて、その目的を達成するシステムをつくり上げることです。

例えば、建築のデザインがまさにそうでしょう。まず、お客さんに「どんな家をつくりたいのですか」と聞いて、それに合わせて道具やあらゆるものを駆使して、大工さんがつくるわけですね。お客さんは、どんな材料を使うのか、なんてあまり気にしなくていいわけですね。自動車もエンジニアがデザインしています。外側だけではなく、中身も含めて全部ですね。

——TDUイノベーションには、見えるもの、例えば建物と、そして目に見えない情報、その二つとも必要ということですね。

原島学長　そうです、インフラストラクチャーとしての建物と情報ですね。これは新学部に非常に関係があります。まず、人間の生活する居住空間としての建築、知を交換する情報の空間としてのメディア、行動する空間ということでのロボットやメカトロニクスという、三つのコースを持った一つの学部をつくりたいと思っているのです。

建築、メディア、ロボット、この三つは人間がこれから生活するなかで大事なものになるだろうと思っていますので、これを全体として教育したいと考えています。2007年からスタートします。随分議論して、ご批判もいただいたのですが、皆さんの合意を得ることができました。

——それは、今までにない取り組みです。若い人たちにとっても非常に興味がある分野だと思います。

情報環境学部の取組み

原島学長　一方で、情報環境学部は2003年から、他大学とは異なる教育システムを導入しています。それは「自分がカリキュラムをつくる」ということです。1年生、2年生というような学年制はなく、何年生のときに履修しなければならないという必修科目もありませんから、入学から卒業までのカリキュラムを自分でつくります。人間にはそれぞれ得意、不得意がありますから、どこを選ぶかは学生が決める。自分はどこに居るべきか、ということも、自分で決める。それと同時に、全学がe-キャンパスになったとき、能力のある学生には、自分の大学は自分で設計してもらいたいのです。

例えばレストランに行ったら、定食もありますけれども、アラカルトを組み合わせて、オードブルから最後のデザートまで、自分で食べたいものを選ぶでしょう。教育だって同じです。学生が、自分に合った大学を自分でつくっていく、大学はそれをつくるお手伝いをする、そういうふうにしたいのです。そういうように、学生が自分で、何をやりたいか、どういう人間になりたいか、という目的に合わせて、大学を設計する、授業を選んでいくわけです。もちろん、18歳くらいで、自分の人生のことはわからないでしょうけれども、しかし、自分の人生を決める一番大事なことは自分で設計する、という意識です。こんな面倒くさいこと、とても昔はできなかったんですが、コンピュータがあれば可能です。これを全キャンパス、全学部でできるようにしたいと思います。

eラーニングの概念を変える

――1990年代の後半、アメリカを中心にeラーニングが盛んでしたが、あまりうまくいきませんでした。教育の概念を変えていくことが必要でしょう。わたしたちも固定概念を持っているのかもしれませんね。

原島学長　アメリカはいろいろな欠点があるのですが、すばらしいと思うのは、大学ではeティーチングとも、eエデュケーションとも言わないんです。eラーニングです。それは学生を主語に置いている。学生の立場だということですが、これは非常に大事なことですし、その精神を絶対に忘れてはいけない。

大学のもう一つのミッションである研究について一言。大学院のドクターコースの研究者は、広い知識を持ち、良き市民でなければいけません。ドクターコースの研究者が全員集まって、お互いに切磋琢磨する場もつくっています。本学では、三つのキャンパスのドクターコースを、一つの研究科に統合しました。また、文部科学省の21世紀COEプログラム、〝人間の操作能力熟達に適応するメカトロニクス〟は、世界的研究教育拠点として採択されています。

本学は、今までいろいろなことをやってきたのですけれども、正直なフィーリングを言うと、変化が遅すぎた。今は、社会の動きから遅れはじめています。それが受験生の減少の主たる原因だと思います。

ですから、社会に追いつくのではなくて、社会をリードする体制に数年間のうちに切り換えようとしています。社会が評価してくれるまでには少し時間がかかるかもしれませんが、大学自身は1、2年のうちに完全に切り換えようと思っています。

――学生たちにとって、「大学で何ができるか」「自分が何をしたいか」をわかることが一番大切だと思います。

原島学長　今は、本当に情報化社会なんです。いろいろなことがわかるし、個人が自分の価値観で自分の人生を設計できるような社会です。学生には、その能力を身につけさせてやりたい。だから、自分の授業項目くらい、自分でつくってみなさいと。18歳くらいだから、なかなかうまくいかないこともあるでしょうが、そのときには先生がちゃんと指導する。しかし、卒業するときには、少なくとも自分がつくったのだと思わせるくらいの教育をしなければいけないと考えています。

――それは、社会に出てからも大変な自信になるでしょうね。

原島学長　大昔、貴族社会の子弟は、優秀な家庭教師を雇えばよかったのです。アレキサンダー大王は、アリストテレスを家庭教師に雇ったのですから（笑）。だけれども、それはごく一部の人しかできませんでした。今は、コンピュータ、情報のツールがあるので、われわれにもそういうことが可能になったのです。これは過去の人類の知識の集積です。それは先人に感謝しなければいけない。そして、その資産、資源、文化を使って、次の良き社会をわれわれはつくる義務があると思うのです。

大学で学ぶことは何か

——これから、大学に入って勉強しようと考える若い人たちに何か訴えたいことはなんでしょうか。

原島学長　理科離れ、科学技術離れとよく言われます。しかし、生まれたときから、自分のうちにはビデオがあって、車があって、パソコンがあるのですから、生活を豊かにするという、いわゆる古典的な科学技術に対する興味は若い人たちは持てなくなっているというのは、ある意味、仕方がないことかもしれません。生活を豊かにする道具というよりも、知的な興味を満たしてくれることを、大学として提供したいと考えています。そういう意味では、理系も文系も区別ないのですね。ちょっと数学をよく知っているとか、そんな程度です。

――ご年配の先生方は、昔、鉱石ラジオをつくったという思い入れがここまでになったというお話をよくなさいますけれども、それはもう今は通じないということですね。

原島学長 その先生にとっては、真空管を秋葉原で買ってラジオをつくったとか、もっと昔の人だと、田舎の廊下の日だまりで竹トンボをつくったとか、そういう時間がないと理工系は無理だというけれども、今はロールプレイニングのコンピュータゲームをやってもいいかもしれない。

何度も言いますが、過去の知の継承は大切ですが、しかし、教える先生方が過去の価値観だけで、若い人たちと向き合うとするとそれはミスマッチになります。自分がやったことをそのままやれと教えるのでは、世の中は進歩しない。

余談ですが、わたしは研究所では大学院の学生を指導していたとき、修士の学生までは論文を発表するときに、わたしは研究テーマを与えたり、手法も教えていますし、共著者の最後に名前を連ねています。学生は一生懸命言われたとおりに頑張りますから、いい成果を上げることができます。しかし、ドクターの学生の論文では、共著者になりません。「おまえは敵だ、研究の敵だ」と（笑）。俺を乗り越えようとしている敵なのだから、共著者にならない。乗り越えてくれと言います。優秀なドクターには先生は負けますね。だから、世の中は進歩するのです。いつも先生が勝っていたら、世の中は一歩も進歩しないですよ。原始時代に戻ってしまいますよ、そんなことをしていたら（笑）。

――それがまさに大学で学ぶ「知の創生」ということにつながるわけでしょうか。

原島学長　そうです。大学ではいろいろな知識を学びますが、大事なことは先人たちの知の上に立って、自律的に考え、そして判断し、実行する力を身につけることです。そのためにさまざまな改革を本学では行います。それがＴＤＵイノベーションです。

――大学は、世の中の変化に比べると動きが遅いと言われてきましたが、変わりそうですね。

原島学長　ぜひ、大学全体を変えたいと思っています。

第5章

TOKYO DENKI UNIVERSITY

未来を目指した全学改編

「第三の大学改革」の幕開け

いま、21世紀の知的社会の構築をめざして、「第三の大学改革」の時代と言われ、国公私立大学ともに大きな変革の必要に迫られている。もちろん、第一は明治初期のわが国の大学制度の確立であり、第二は戦後の新制大学制度の導入である。このとき旧制大学、高等師範学校、専門学校等、さまざまな高等教育に関わる学校が一元化され、アメリカ型の新制大学制度が導入され、わが国の高等教育の大衆化が一気に図られた。

本学も電機学校（1907（明治40）年創設）を母胎に、1949（昭和24）年、FAXの発明者丹羽保次郎氏を学長に迎え、電気工学科、電気通信工学科の2学科編成で新制東京電機大学として発足した。その後、本学は丹羽保次郎学長の「技術は人なり」の教育理念のもとに、1950〜1960年代の技術導入の時代（技術者不足の時代）には、電子工学科（1960年）、機械工学科・応用理化学科（1961年）、1965年には精密機械工学科・建築学科を増設するとともに、1958年には大学院修士課程を、1962年には博士課程を増設し、工学の広い分野に人材を輩出してきた。さらに高度成長期の1970〜1980年代には時代の要請に応え

東京電機大学の卒業生の累計（学士・修士・博士）

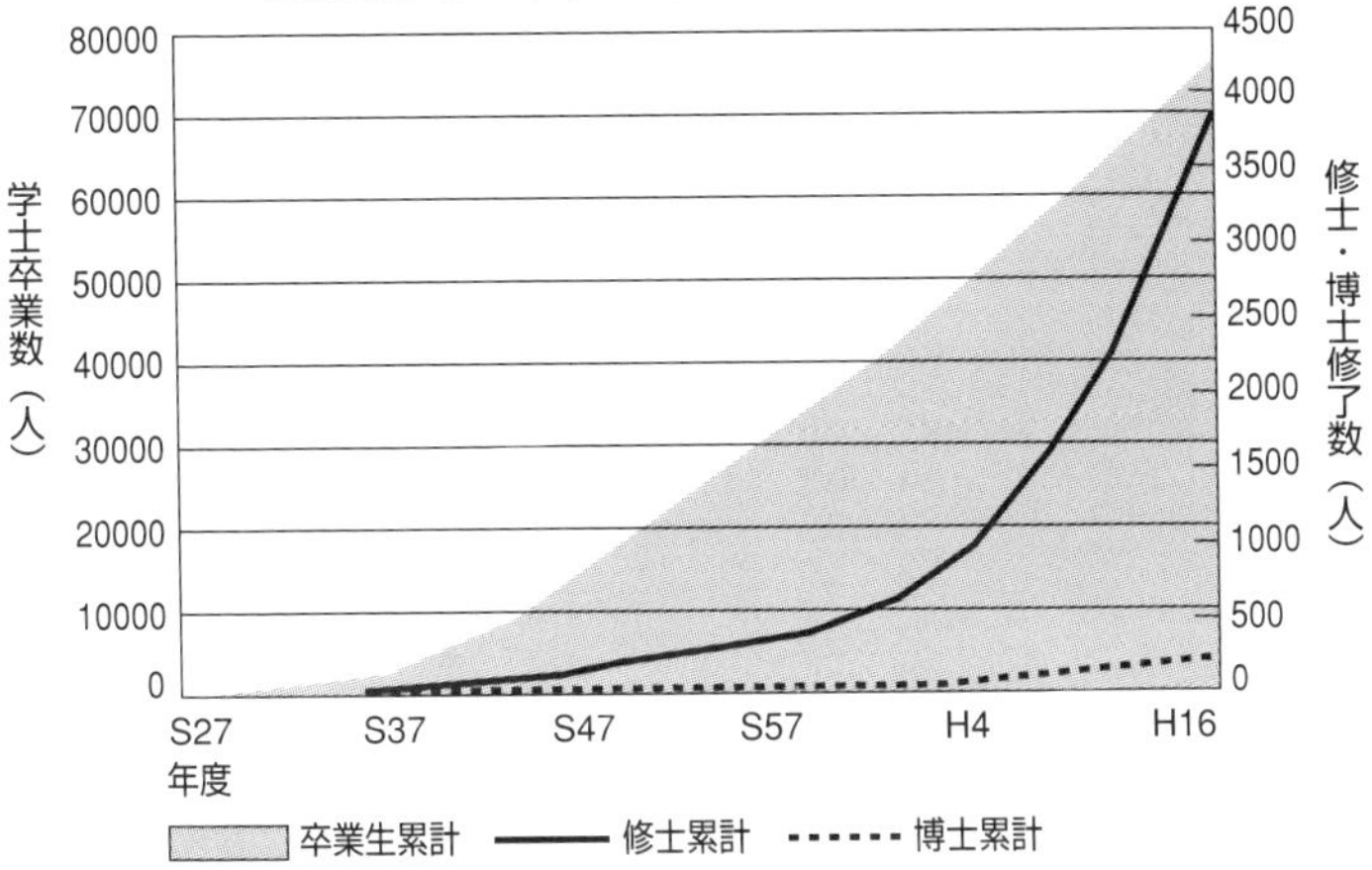

るべく、創立70周年を機に、経営工学科、数理学科、建設工学科、産業機械工学科からなる理工学部を埼玉県の鳩山キャンパスに開設、1981年には大学院理工学研究科（修士課程）を、1983年には博士後期課程を設置し、1986年には、理工学部に情報科学科・応用電子工学科等を増設し、大学院修士課程の充実を図るなど、「時代の要請」である技術者の高度化に対応してきた。

　1980年代にわが国の産業の高度成長期が終了するとともに、いわゆる「理工系離れ」、さらにはバブル経済期には理工系大学の卒業者の金融機関等への就職や製造業離れの傾向が現れ、新しい大学と社会との関係を模索して、1987年大学審議会が創設され大学改革が進められるようになった。1990年代以降、大学改革の機運は高まり、国立大学を中心として

本学出身の上場企業役員・管理職数

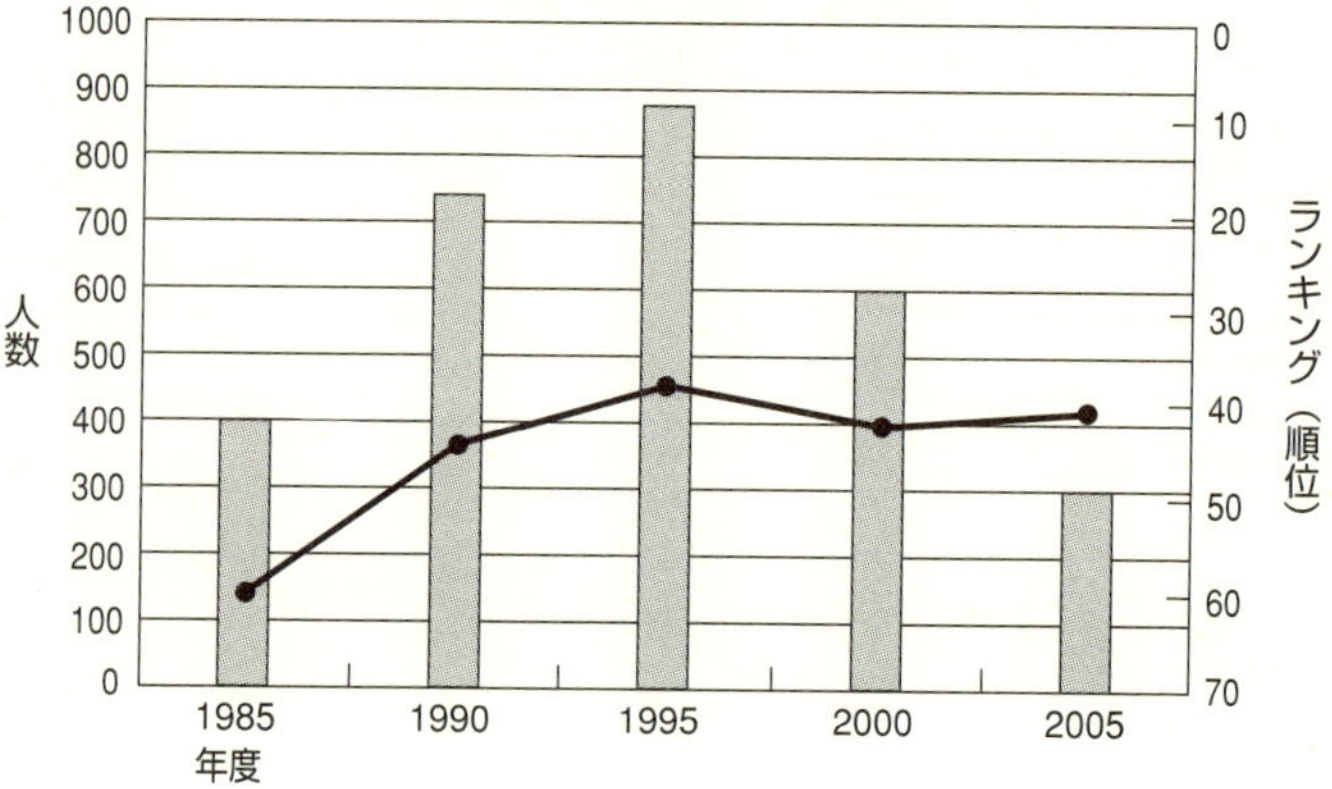

出典：週間ダイヤモンド社別冊 2005/9/1号

国の大学院重点化政策や産学連携への急速な動きなどが、大学と産業界との間に新たな関係調整を必要とするようになってきた。

このような動きを受けて、大学審議会は１９９８年答申「21世紀の大学像と今後の改革の方策について」をまとめ、四つの改革の理念（①学生の教育あるいは研究の質の向上。②教育、研究システムの自由構造化。③大学の自律と自立性の確立。④多元的な評価システムの確立）が挙げられた。各大学では上記の四つの点を中心に大学改革が議論され、実行に移されていった。２００４年の国立大学の法人化により、外部資金の導入を必要とする大学と、研究開発のために大学の研究成果を求める企業との間の連携のあり方を含めた、新たな関係の構築が急務となってきた。特に、知的集約的な産業への転換が産業政策の主流である今日では、教育を通しての革新的技術、革新的な知識の移転を実現させる仕組みの構築が求められるようになった。

近年のこのような全体的な社会の動向の大きな変動のなか、本学でも、社会発展に応じて科学技術の基幹的分野である電気・電子、機械、建設の分野を充実させ、科学技術の基礎となる理学系の数理・情報分野を整備し、工学部・理工学部の学科名の変更等をしながら産業界の動向に対応してきた。このような状況のなか、さらに、2000年には理工学部に生命工学科・情報社会学科を増設、2001年には、千葉ニュータウンキャンパスに情報環境工学科・情報環境デザイン学科からなる情報環境学部を設置、2002年には工学部に情報メディア学科を増設するなど、既設学部を拡大する形で、膨張してきた。

これに対して、わが国の18歳人口は1992年の205万人をピークに1999年まで、毎年10万人弱減少し、2000年には151万人にまで減少した。その後、2002年までほぼ150万人台を保っていたが、2003年から毎年5万人程度の減少が続き、2008年には120万人にまで減少すると予想されている。

このような18歳人口の急激な減少もわが国の大学、特に私立大学に大きな影響を与えている。2007年度には「大学全入」の時代を迎えると言われている。日本私立学校振興・共済事業団の

「私立大学、短大入学志願動向」によれば、1998年には四年制大学の入学定員充足率が100%未満の大学、所謂、定員割れの大学が439校中35校であったのが、2005年度には542校中160大学で29・5%となり、30%に近い大学が定員を割っている。一方、私立大学全入学者数に対する、推薦合格者数の割合も、1998年度には32・41%であったものが、2005年度には43・6%になり入学者のかなりの部分を推薦入学者でまかなっている状況である。

先にも述べたように、本学は、長年、実学教育を行い、社会へ貢献してきた。しかし、社会は高度成長期を過ぎ、拡大から安定成長を目指す時代となってきた。これまで、それぞれの学部が、それぞれのキャンパスで産業界の発展、時代の要請に応えるべく教育・研究分野を拡張・増設してきたものの、大学全体としてみると、学部間・キャンパス間で重複が目立ってくるようになってきた。特に、18歳人口の減少により、「入れる大学」から「入りたい大学」への受験界の変化からみると、本学の教育・研究の理念が受験生にとって見にくくなり、受験生の学びたい学問分野、受験生の希望との間のずれを拡大したように思われる。

本学は、この間にも時代の変化や社会の要請に対応すべき教育改革を地道に進めてきた。2003年度には理工学部建設環境工学科の教育課程がJABEEの認定を受け、その後も継続されているし、工学部の電気工学科もJABEEを現在、受審している。また、2004年度には、

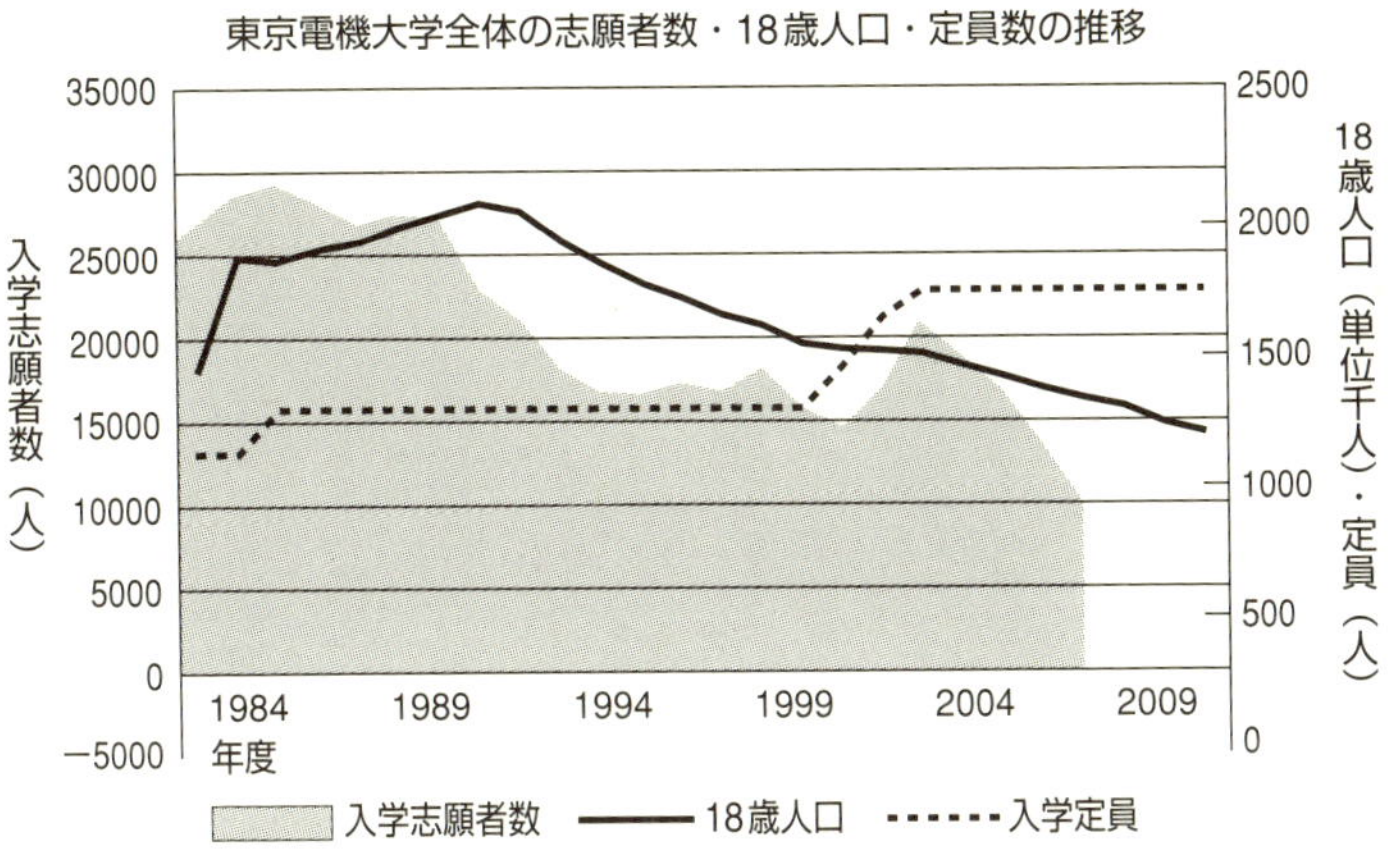

情報環境学部の新しい教育プログラム「プロジェクト科目を核とした産学連携」が文部科学省の「現代的教育ニーズ取り組み支援プログラム（現代ＧＰ）」に採択され、続いて２００５年度には「学生の自主・自立を支援する個別重視型教育」が同じく文部科学省の「特色ある大学教育支援プログラム（特色ＧＰ）」に採択された。さらに、研究活動では文部科学省の21世紀ＣＯＥプログラムに理工学研究科のプロジェクト「人間の操作能力熟達に適応するメカトロニクス」が採択されるなど、それぞれの部局で個別的に、教育・研究分野の改革・発展が図られた。なお、現状では本学の全体の教育システムと社会・受験生の要求とのずれを解消し、本学の受験人口＝志望者の増加をもたらすカンフル剤になるには至っていない。

このような状況は明らかに、本学の技術者養成（教育）のあり方および分野（学科編成）が社会の要請する「時代の要求」とずれ、ミスマッチしてきたことにその大きな原因がある。もちろん、個々の学問・技術分野としては時代が必要とする分野であるにしても、全学的にみれば、既設学部の再編成・再構成を通しての拡張ではなく、既設部分はそのままにして、新しい分野や類似の分野を付け加えてきたために、翻って、本学（東京電機大学）の全体のアイデンティティが見えなくなってきたことに原因の一つがあると考えられる。

未来の大学を目指して

原島新学長が就任したのを機に２００４年９月に将来構想企画委員会が設置され、本学の置かれた状況を全面的に分析・検討し、21世紀の東京電機大学の再生に向けての全学的な改革が着手された。翌年３月には、２００６年度の入試対策として、学生確保に関する危機対策会議を設置し、原島学長の強力なリーダーシップのもと、当面の改革の目標を２００７年４月に置き、東京電機大学の全学的な改編を急ピッチで進めつつある。その改編の基本理念、目的などの基本的な姿勢と考え方は以下のとおりである。

大学の使命は「教育」と「研究」であり、言い換えれば「智の継承と創生」である。次の社会の価値観、文化を創生、提言し、社会に発信することである。

東京電機大学は、この原点に立ち返り、社会の要求する高度専門技術者を養成する高等教育機関であること（本学の建学の趣意書にも「将来科学技術の総本山を目指す」と書かれている）を改めて、再確認する。そして、21世紀は「何ができるか」を数値で争う時代ではなく「何をしたいか」、「何をしてはいけないか」、「何をすべきか」を選択する時代であり、この考えに基づき「人類が環境問題を解決し、美しい地球の上で、科学技術に支えられた知的かつ健康な生活を送ることが出来る社会をつくる」ことを本学のミッションとする。

われわれは「科学する心」と「広い視野」を持ち「信念」を持って行動する人、「優れた技術」を身につけるとともに人間の「品格と素養」を磨き「自己成長」に努める人、このような「人」からこそ優れた科学技術が生まれると信じている。このような人材の育成こそが、本学の教育理念の基本である。

丹羽初代学長以来の本学の教育目標、「技術は人なり」は、リンカーンのゲッティスバーグの演説の言葉を借りれば、「人間の、人間による、人間のための科学技術」の創成、「人間中心」の科学技術の創生と発展に役立つ人材の育成という現在的な意味を持っている。本学はこの意味でも創立の教育目標の原点に立ち返り、本学の教育、研究システムを見直さなければならない。

本学の改革は持続的な改編であり、時代の動きとともに、常に社会の要求する人材を的確に養成するために、教育、研究システムの絶え間ない見直し、改革を進める。人材の育成には時間がかかり、その成果を確認するには多くの年月が必要であることは事実であるが、人類は未来を予測する能力を持っている。われわれはその能力を発揮し、来るべき社会が必要とする人材を育成する教育研究システムをダイナミックに構築する。

東京電機大学の２００７年４月を目指した改編は、単に第一ステージにすぎず、同時進行的に第二、第三ステージの改革が議論されるべきであるし、その議論を始めている。言い換えれば21世紀の東京電機大学の教育戦略の第一段階であり、２００７年４月を目標とした東京電機大学の改編の目的は次の点にある。

①高度成長期に拡張した工学部（神田キャンパス）、理工学部（鳩山キャンパス）、そして情報環境学部（千葉ニュータウンキャンパス）における教育・研究と社会の要請とのミスマッチングの解消。

②四学部、三キャンパスを擁する関東圏有数の理工系単科大学としての東京電機大学のアイデンティティの確立。

教育・研究分野の再構築

これまで述べてきた本学の基本的な教育理念に立脚し、21世紀の教育戦略の第一歩として、東京電機大学の三学部の教育・研究機能を次の四つの基本戦略のもとに2007年4月を目標に、再編成し、21世紀の東京電機大学の大学像を受験生にも社会にも理解しやすい形にする。

①「未来を切り拓く新しい工学、未来を指向した工学を創生する」ために新学部＝未来科学部を新設する。新学部では「工学はデザイン」であるという新しい理念の具現化、言い換えれば、ある目的があって、道具は自分たちが選び、その目的を達成するシステムを構築する「工学」の教育研究を目指す。

②「伝統的な科学技術の基盤となる智を継承し、発展する工学」に関する教育の推進。エネルギー、ものづくり技術、社会基盤、フロンティアなど、産業の基盤となる工学には100年の歴史があり、それぞれの分野にそれぞれの時代が要求する最先端技術がある。この工学の基盤の教育研究は、神田キャンパスにある工学部が担当する。

③「現時点で必要とする科学技術に特化した分野の学問」に関する教育の推進。当面、国の総

21世紀の東京電機大学を目指した変革の模式図

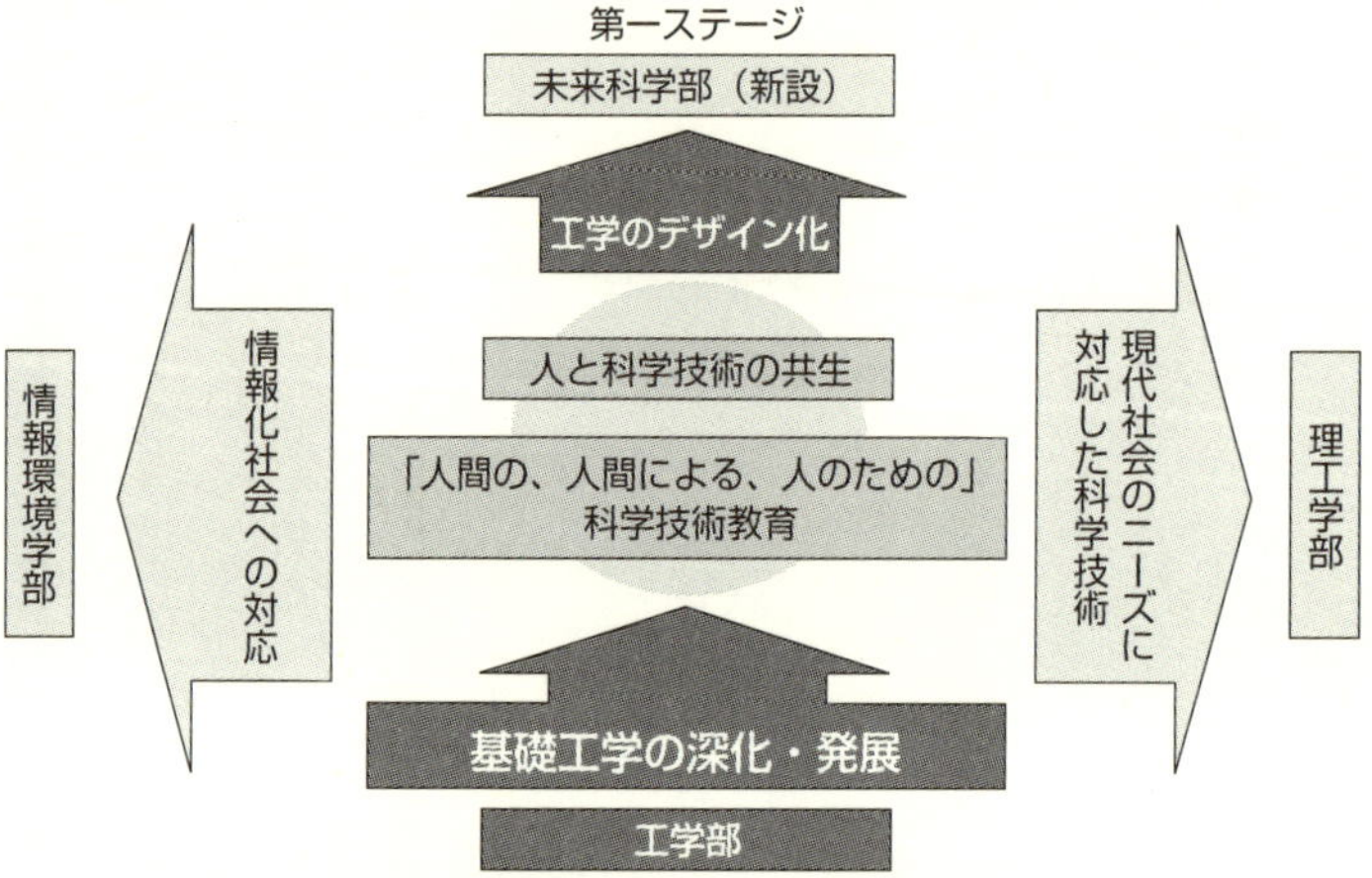

改編の第二ステージの目標

①専門分野の統合の推進、特に、情報関連の分野
②東京電機大学の適正学生数／教職員数の検討
③4キャンパス（神田・鳩山・千葉・小金井）の適正化
④財政の健全化と管理運営の近代化

合科学技術会議が、今後10年、20年に必要な科学技術として挙げた「ライフサイエンス」、「情報通信」、「環境」、「ナノテクノロジー・材料」の分野と自然科学の基礎である「理学」に関する教育、研究は鳩山にキャンパスのある自然環境に恵まれた理工学部で行う。

④「知的社会を支える情報システム、情報環境に関する科学技術」に関する教育、研究は2001年に新設された千葉ニュータウンキャンパスの情報環境学部が担当する。

前述の視点による、社会に開かれた、若者＝高校生の希望を受け止めうる教育組織に本学のすべての教育・研究の分野を再編・革新する。

本学の学部・学科の拡張政策と連動して、大学院の拡張・充実政策を積極的に進めるために、大学設置基準（当時、校舎基準面積の6倍の校地面積）を満たし、大学院の修士・博士課程を充実するために千葉ニュータウンキャンパスを獲得した。その後の社会状況の変化に伴い、工学部では1年生の教育の場を千葉ニュータウンキャンパスから神田キャンパスに実質的に引き上げることで、千葉ニュータウンキャンパスの有効活用という問題が浮上した。情報環境学部の設置には上記のような事情もあり、単純な教育・研究分野の拡張という問題のほかに、全学的なキャンパスの有効な適正利用という問題がある。

神田キャンパス、鳩山キャンパスにおいてもキャンパスの有効・適正利用という側面と教育・研究の分野の適正な整理・統合・配置の問題が複雑に絡み合っている。

このような多様な問題の解決には、十分な検討と議論、さらに財政的な裏づけが必要であり、財政の健全化、管理運営の近代化などとともに、現在その検討が始められている。具体的な改革・改編は第二ステージ以降に予定されている。

自律性のある教育システムの確立

学生の意識の多様化や入学試験制度等の多様化により、最近の学生の学力低下は目を覆うものがある。大学入試センターの柳井教授らの最近の調査「大学生の学習意欲と学力低下」によれば、理工系の学部の教員の75％が「深刻な問題」、「やや深刻な問題」と認識し、国・公・私立大学では私立大学が最も深刻であると報告している。特に自主的に課題に取り組む意欲の欠如、論理的に考えを表現する力が弱い、日本語力・基礎科目の理解が不十分であることが指摘されている。

東京電機大学では今回の全学改編の基礎を人材育成・教育システムの改革と位置づけ、本学の教育目標、「技術は人なり」に則り、「人間の、人間による、人間のための科学技術」を創生する技術者の育成を目指す。そのために「人間教育＝教養教育」を重視するとともに、次の三点を教育の基本に置いている。

①大学教育における導入教育の徹底：多様な現代の学生の希望と、その希望を実現する学力の乖離を克服するために柔軟なシステムを用意する。

②本学の教育理念の原点である「実学の尊重」を貫く。学生が実社会に出たときの社会に対する即戦力としての学力を身につけさせる。

③勉学意欲・能力のある学生には、その力にふさわしい高度な教育カリキュラムを提供し、進んで大学院に進学・知的社会＝技術社会のリーダーになるべきエリート教育を実施する。

本学の各学部は、上記の教育目標をそれぞれの学部の特徴のなかで、十二分に生かすべく独自のカリキュラム体系、評価システムを構築し、社会から認知される Output Assessments のもとで学生を社会に送り出すこととする。

学部の改編

本学は多様な学生の要求を満たす多様なカリキュラムと教育システムを構築するが、大学とは本来、学生が「自らの意思と希望」で「学びたいこと」を学ぶ場所である。大学で学生たちが「大学で何が学べるか」、「自分で何をしたいか」がわかり、学生自らが自分の価値観で自分の人生を設計できる能力を身につける場となることである。これこそが本学の理想の教育である。

現在は高度情報化社会でもあり、時間と空間を自由に制御できる情報システムを可能にしている。本学ではe-ラーニングシステムを本格的に導入し、三つのキャンパスの特徴を生かした教育システムの構築を目指している。

以下に、改革が進む四学部の姿を具体的に概観する。

未来科学部の創設

「工学」とは目的を持ってデザインすることである。この点において、自然の原理の探求であ

未来科学部の構成

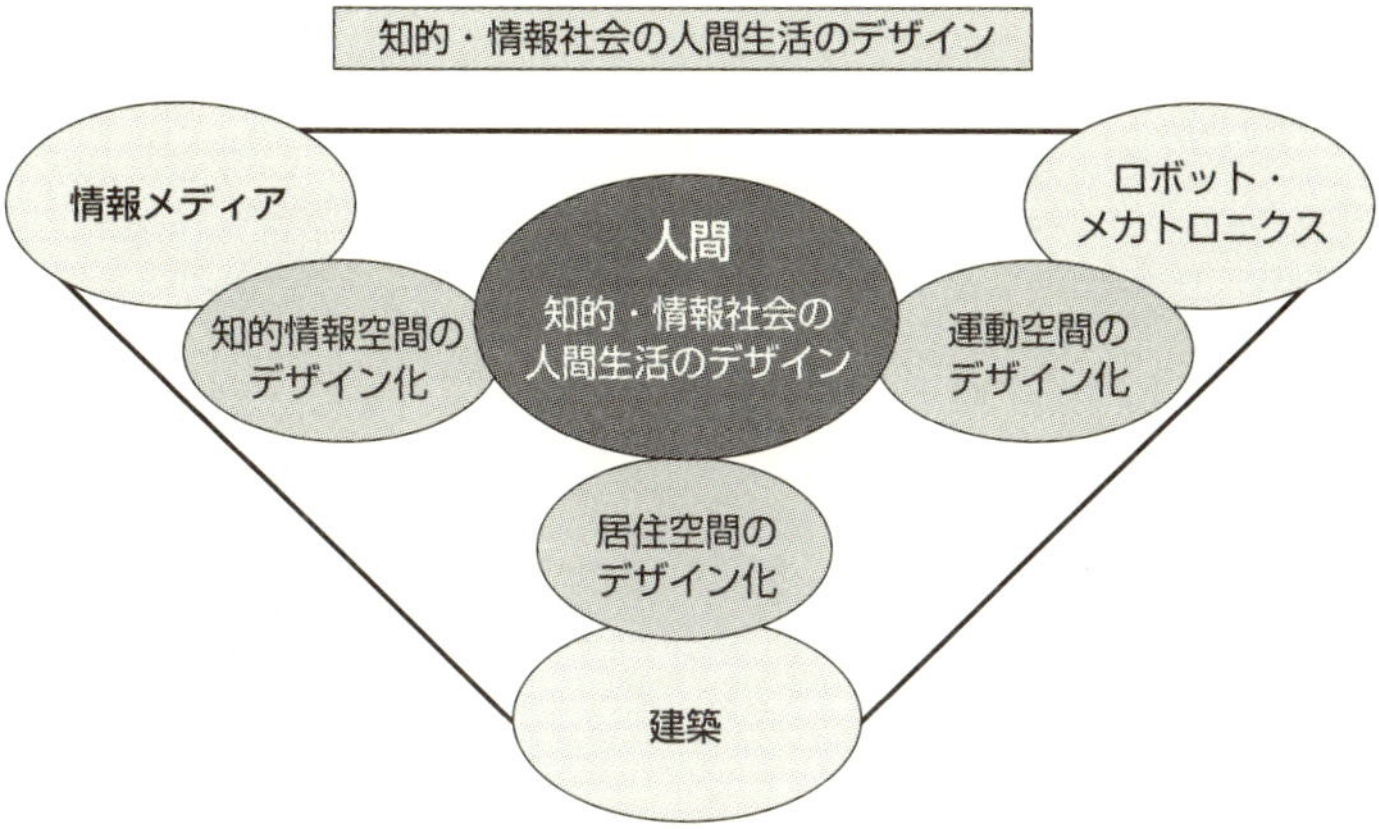

る「理学」と決定的に異なっている。新しい工学の理念を構築し、社会を先導するために新学部「未来科学部」を神田キャンパスに創設する。

未来科学部では、工学を幅広くとらえ、21世紀の工学は人類がまず必要とする生活空間、すなわち居住空間・情報空間・運動空間のデザインから出発する。

居住空間の創成としての建築学、人間の情報の授受における時間と空間の統合技術としての情報メディア学、運動の空間と知性の統合を目指すロボット／メカトロニクス学において、まず新しい未来科学の構築を目指す。

未来科学部では、21世紀の知的社会の人類の生活を支える知的な情報空間、肉体的な運動空間、そしてそれらを演ずる生活空間の舞台としての建築空間、この三つの空間が互いに連携・統合する「工学のデザイ

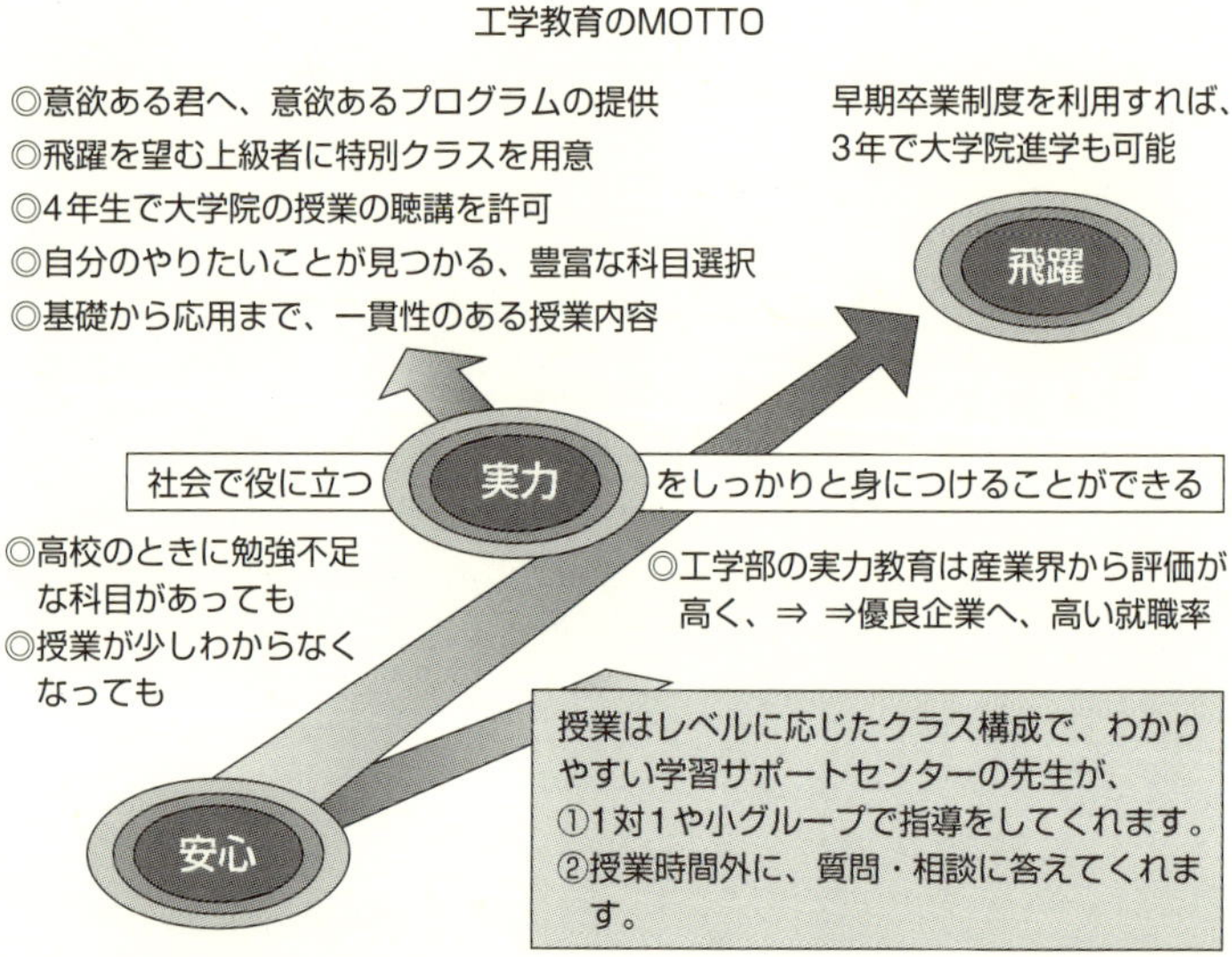
工学教育のMOTTO
◎意欲ある君へ、意欲あるプログラムの提供
◎飛躍を望む上級者に特別クラスを用意
◎4年生で大学院の授業の聴講を許可
◎自分のやりたいことが見つかる、豊富な科目選択
◎基礎から応用まで、一貫性のある授業内容
早期卒業制度を利用すれば、
3年で大学院進学も可能
飛躍
社会で役に立つ
実力
をしっかりと身につけることができる
◎高校のときに勉強不足
な科目があっても
◎授業が少しわからなく
なっても
◎工学部の実力教育は産業界から評価が
高く、⇒ ⇒優良企業へ、高い就職率
安心
授業はレベルに応じたクラス構成で、わかり
やすい学習サポートセンターの先生が、
①1対1や小グループで指導をしてくれます。
②授業時間外に、質問・相談に答えてくれま
す。

ン」を目指し、それを担う人材を育成する。未来科学部の教育・研究のモットー（目標）は、「プロの能力」、「豊かな教養」である。

工学部の改編

「工学部」は、人類社会の基幹となる科学技術を革新し、安全で快適な社会の発展に貢献する21世紀に適合した科学技術とそれを支える人材の育成を目的とする。21世紀の技術社会の基盤を支える工学として、工学の基幹である、電気・電子工学、環境化学、機械工学、情報通信工学を中心に、社会的要請に応えるために絶えざる持続的改編を継続し、柔軟に対応する教育・研究組織の構築を目指す。

したがって、工学部の教育研究のモットー（目標）は「安心教育」、「実力教育」そして「飛躍教育」である。

理工学部の改編

理工学部の教育目標を常に社会が要求する人材の育成に置き、当面、わが国の科学技術の重点四分野（ライフサイエンス、情報通信、環境、ナノテクノロジー・材料）を軸とした教育研究システムの構築を基本とし、真理の探究を目指す「理」と豊かな人間社会を構築する「工学」との融合のみならず、21世紀の人間と共生する工学を目指す「文理融合」の展開を理工学部の発展の基礎に置く。

したがって、絶え間なく変動する科学技術の動向に即した教育・研究を行い、将来の社会を担う人材の育成に対応するために、体系化された学問の最小ユニットとしてのコースを基本とし、それらを大きく括った四学系（サイエンス学系、情報システムデザイン学系、創造工学系、生命理工学系）と、基礎教養教育を担当する共通教育群とで構成される一学科体制とする。

理工学部では、従来の学科の学問体系を整理・統合し、新たな多数の専門コースに再構築した

理工学部の構成

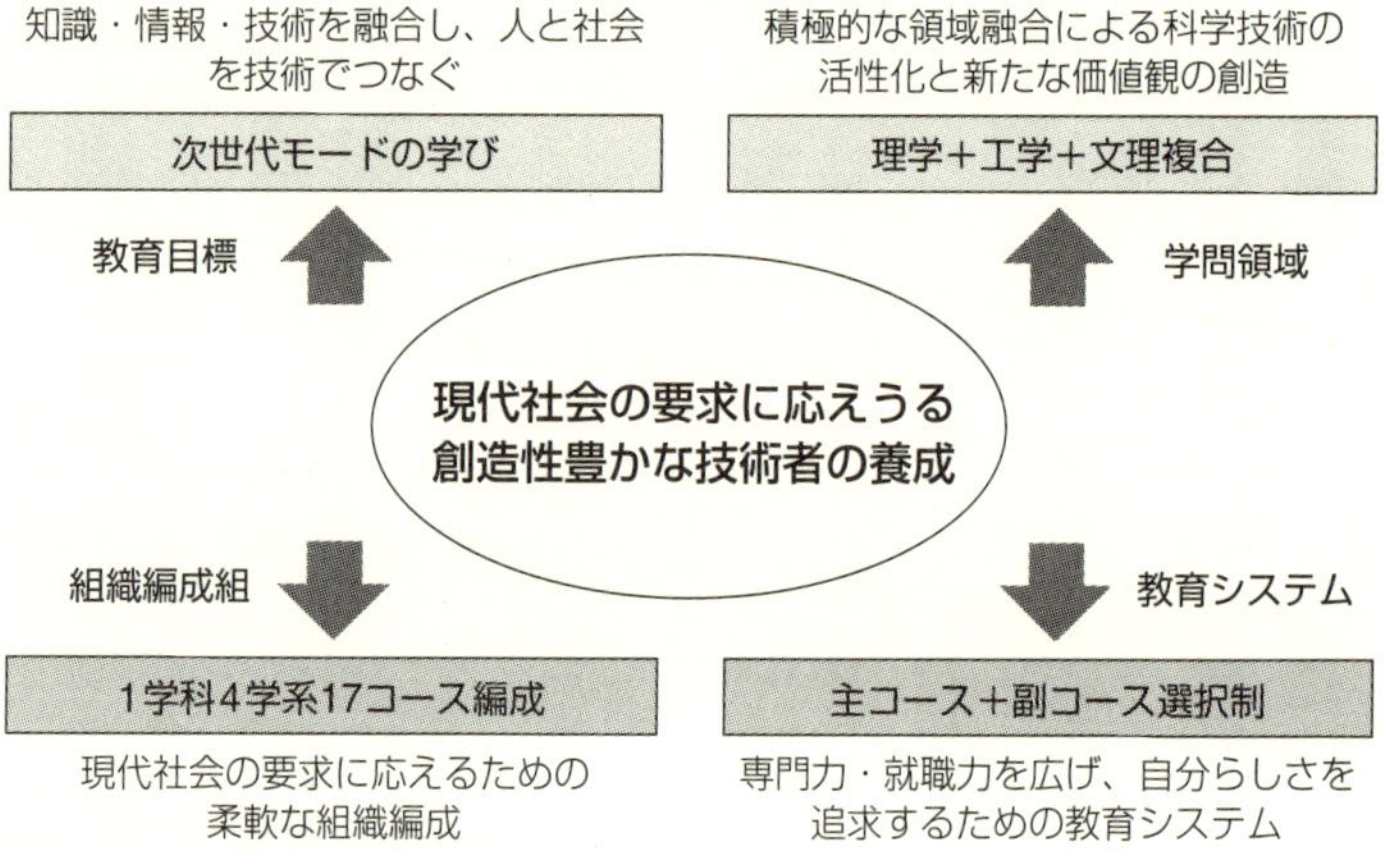
知識・情報・技術を融合し、人と社会を技術でつなぐ
次世代モードの学び
教育目標
積極的な領域融合による科学技術の活性化と新たな価値観の創造
理学＋工学＋文理複合
学問領域
現代社会の要求に応えうる創造性豊かな技術者の養成
組織編成組
1学科4学系17コース編成
現代社会の要求に応えるための柔軟な組織編成
教育システム
主コース＋副コース選択制
専門力・就職力を広げ、自分らしさを追求するための教育システム

17コースを基礎力でまとめた4学系

サイエンス学系		情報システムデザイン学系	
数学コース	数理情報学コース	コンピュータソフトウェアコース	アミューズメントデザインコース
物理学コース	コンピュータ科学コース	ネットワークシステムコース	社会コミュニケーションコース
化学コース			
生命科学コース	生体電子情報コース	知能機械コース	都市デザインコース
生物環境コース	医用・機械システムコース	電子機械コース	建築デザインコース
生命理工学系		創造工学系	

共通教育群
教養・語学・体育・リテラシー・理工系基礎科目・基幹科目・教職………

うえで、主コース・副コース制を導入することにより、多様化する科学技術分野に対応できる学生の個性的な学びの場を提供する。副コースを選択する際に、主コースと分野の近いコースを選択する場合は、より専門性を高めることができ、主コースとは異なる分野のコースを選択する場合は、将来にわたる広い視野と見識を養成することができる。

情報環境学部の改編

「情報環境学部」では、今回の全学的な改編を先取りする形で、2006年から、情報環境工学科・情報環境デザイン学科を統合し、一学部・一学科体制に改編した。

教育は緩やかなコース制とし、ネットワーク・コンピュータ工学コース、先端システム設計コース、メディア・人間環境デザインコースを設け、未来科学部、工学部との教育研究の重複・混乱を整理した。コース制の導入に伴い学生のコースへの配属は第3セメスター（2年次相当）に行い、コースには特に定員を設けず、学生の自主的な勉学意欲と、学生自らがつくった各学生の固有のカリキュラムの構成・実施に柔軟に対応する。

東京電機大学全学改編の概要（届出手続中）

学部	未来科学部	工学部	理工学部（理工学科）	情報環境学部
学位	学士（工学）	学士（工学）	学士（理学、工学、情報学）	学士（情報環境学）
届出手続中の学科体制	3学科体制	4学科体制	1学科4学系・共通教育群編成	1学科体制
届出手続中の学科・学系と入学定員	建築学科：100名	電気・電子工学科：210名	サイエンス学系：150名	情報環境学科：180名
	情報メディア学科：125名	環境化学科：80名	情報システムデザイン学系：150名	
	ロボットメカトロニクス学科：125名	機械工学科：210名	生命理工学系：150名	
		情報通信工学科：110名	創造工学系：150名	
届出手続中の学部入学定員(合計)	350名	610名	600名	180名（編入学定員12名を除く）

２００７年度を目指した東京電機大学の全学改編の第一ステージに伴う、学部・学科名称、収容定員などを表にまとめる。

智の創造と伝承の場

大学は「智の創造と伝承の場」である。そこは瑞々しい知的要求を自らの意思で求める学生と、その知的活動を助ける者である教員・研究者、さらにはその活動を支援する事務職員の活動の場である。その目的が何であれ、大学という場は自らの「自立と自律」で成り立つ「良識」の場でもある。理想の大学とは学則も試験もない智の要求を満たす自立と自律の場であり、真理の探究と学問・システムを創成する場である。その社会的な責任を「未来社会」に対して持つ機関である。それゆえにこそ、現在の社会や権力機構から独立した「学問の自由＝Academic Freedom」が社会から大学に付与されているのである。また、社会はその発展のために、「社会が大学という教育・研究機関」を必要とするがゆえに、大学はさまざまな紆余曲折、改革・廃止・統合を繰り返しつつも1000年以上の長い歴史的な役割を果してきたのである。

大学は瑞々しい「青春」の場

大学は瑞々しい「青春」の場でなければならない。ここで言う「青春」とは人生のある期間をいうのではなく、心の持ち方、若さ、を言うのである。最後にサムエル・ウルマンの詩、『青春』を引用する（サムエル・ウルマン著、作山宗久訳、『青春とは、心の若さである。』（大活字愛蔵版）、角川書店、平成15年3月25日発行）。

青　春

サムエル・ウルマン：作
山宗久訳

青春とは人生のある期間ではなく、
心の持ちかたを言う。
薔薇《ばら》の面差《おもざ》し、紅《くれない》の唇、しなやかな手足ではなく、
たくましい意志、ゆたかな想像力、炎《も》える情熱をさす。
青春とは人生の深い泉の清新さをいう。

青春とは臆病《おくびょう》さを退ける勇気、
安きにつく気持を振り捨てる冒険心を意味する。
ときには、二十歳の青年よりも六十歳の人に青春がある。
年を重ねただけでは人は老いない。
理想を失うとき初めて老いる。

歳月は皮膚にしわを増すが、熱情を失えば心はしぼむ。

苦悩・恐怖・失望により気力は地を這《は》い精神は芥《あくた》になる。

六十歳であろうと十六歳であろうと人の胸には、
驚異《きょうい》に魅かれる心、おさな児のような未知への探究心、
人生への興味の歓喜がある。
君にも吾にも見えざる駅逓が心にある。
人から神から美・希望・よろこび・勇気・力の
霊感を受ける限り君は若い。

霊感が絶え、精神が皮肉の雪におおわれ、
悲歎の氷にとざされるとき、
二十歳であろうと人は老いる。
頭《こうべ》を高く上げ希望の波をとらえる限り、
八十歳であろうと人は青春にして已《や》む。

YOUTH

YOUTH is not a time of life ; it is a state of mind ;
it is not a matter of rosy cheeks, red lips and supple knees ;
it is a matter of the will, a quality of the imagination, a vigor of the emotions ;
it is the freshness of the deep springs of life.

Youth means a temperamental predominance of courage over timidity of the appetite,
for adventure over the love of ease. This often exists in a man of sixty more than a boy of twenty. Nobody grows old merely by a number of years. We grow old by deserting our ideals

Years may wrinkle the skin, but to give up enthusiasm wrinkles the soul.
Worry, fear, self–distrust bows the heart and turns the spirit back to dust.

Whether sixty or sixteen, there is in every human being's heart the lure of wonder, the unfailing child-like appetite of what's next, and the joy of the game of living.
In the center of your heart and my heart there is a wireless station ;
so long as it receives messages of beauty, hope, cheer, courage and power from men and from the Infinite, so long are you young.

When the aerials are down, and your spirit is covered with snows of cynicism and the ice of pessimism, then you are grown old, even at twenty, but as long as your aerials are up, to catch the waves of optimism, there is hope you may die young at eighty.

第6章

TOKYO DENKI UNIVERSITY

本学独自の教育・研究システム事例

世界制覇を目指すFormula SAEプロジェクト

Formula SAEとは

Formula SAEは米国自動車技術協会が主催するエンジニア育成のための教育プログラムだ。世界各国の学生がフォーミュラーカー（規格に沿った車）を製作する会社を仮想的に運営し、性能やコスト、プレゼンテーション等を競い合うもので、様々な技術の集積である車を1からつくり上げる総合的な工学と、コスト管理、渉外、広報等のマネジメントを実践する、工学にとどまらない能力の育成を目的としている。現在、米英はじめ5カ国で世界大会が行われ、教育効果の高さと相まって、世界の大学生が頂点を目指しせめぎあっている。

プロジェクトのきっかけ

理工学部知能機械工学科で展開されているFormula SAEプロジェクトは、当初は初学者の動機付けを目的とした工作教科「夢工房」の一環として2000年に始まった。そして、その充実を図るため本田技研工業から佐野彰一氏を教授として招いた。佐野教授はホンダが2輪車しかつくっていない時代に入社し、故本田宗一郎氏のもと4輪車の開発、ホンダF1第一期の立役者として活躍、その後もレース車両、一般車両の開発を含め、数々の技術責任者を歴任した日本を代表する技術者の一人である。さらに実務経験豊富な小平和仙助手を招いた。教授が学生にFormula SAEを紹介すると〝自分も挑戦したい〟と関心をもった学生が、たちどころに十数名集まった。なかには世界大会の本場オーストラリアに自費で事前調査に行く学生も現れ、その熱意には教授自身も驚いた。

わずか4年で世界4位に

スタート当初は、低・中位にとどまっていたが、最高の指導者、新しい設計の採用と基本姿勢を堅持、学生たちの熱意とスキルアップによりレベルは確実に高くなっていった。日本からは2000年以降、複数のチームが参戦していたが、本学は2002年に行われたオーストラリア大会から参加し、2003年アメリカ大会、日本大会、2004年イギリス大会、2005年アメ

Formula SAE プロジェクトメンバー

リカ大会、日本大会に参加し徐々に成績を伸ばした。そして２００５年のオーストラリア大会では日本勢で初めて総合成績第４位を獲得。さらに部門賞も１位２件、３位１件の目覚しい成績を残し、世界を代表するチームに躍り出た。チームではこの成果にとどまらず、学園創立１００周年に世界制覇を目指し母校に貢献したいとしている。

学生にとってのFormula SAE

佐野教授は、これらの成果はすべて学生のやる気と熱意によるものだという。Formula SAEは、自分達の作った車に仲間がドライバーとして乗り込み、車に命を預けてレースに参加するのである。中途半端な気持ちやいい加減な技術の者は参加してはならないのだ。「技術者は、設計図のたとえ1本の線でも説明する責任があるのです」と教授は言う。〝ものづくり〟に携わる一流の技術者の自負と誇り、そして責任を学生たちは敏感に感じ取っている。

技術者教育とは、様々な技術を総合的に構築して、責任もってものをつくり上げる能力を育てるものといえよう。そのためには、実際にものをつくるのが最も効果的な学習方法だ。思うようにできない、できたと思っても動かない、なぜなんだという疑問、悔しさ、自分で解決策を探す努力、解決したときの達成感は、頭ではなく体で覚えるものだ。もちろん教科書には書いてない。産業界で期待されるのはこうした問題解決能力、広い知識や応用力なのだと教授は語っている。

工科系大学のあり方

本田技研工業での長い技術者生活から、佐野教授は工科系大学の課題も指摘する。従来の大学教員の資格や評価は研究面に偏っていた。他方、研究領域の細分化により教育も狭い分野に特化する傾向が強くなった。しかし「自分の専門分野はわかるが、それ以外はわからない」では技術

第３回全日本学生 Formula SAE 大会。耐久走行で見事１位を獲得

者失格である。技術者を育成するはずの工科系大学が、研究者育成のような教育を行ってはいないか。産業界が期待する人材とのずれの原因はここにあるのではないか。日本の産業界の将来を考えても、こうした傾向は決して望ましいものとは言えないだろう。工科系大学はこうした傾向を再考する時期にきていると言えるのではないかと指摘する。

学生たちのまなざし

大学教員の多くは入学時の学力で学生を判断しがちである。受験界での本学の偏差値は平均程度である。新入生も高校の成績は平均程度でさほど目立たず、大学も第一志望ではなかったかもしれない。しかしFormula SAEに関心を持ち、自分の目標を自分で決め、それに向かって寝食を忘れのめり込んでいる学生たちがここにいる。そして彼らを〝後輩〟として時に厳しく、時に温かく見守る指導者がいる。彼らは自作の車とともに海外へ行き胸を張って英語でプレゼンテーションをする勇気と自信を持っている。就職も、有名大学でも難しい企業から引く手あまたなのである。彼らの目は輝いている。「学生は教員が考えている以上に自分でどんどん成長していくものです。」と教授は言う。

東京電機大学の伝統

東京電機大学は第一線で活躍する技術者育成を目的に技術者が創立したほかに例を見ない学校である。また大学設立の際、初代学長に就任したのは日本電気でファックスを開発した技術者、丹羽保次郎博士だった。創立時からの実学重視の精神、実験実習、実物教育重視の思想が連綿と受け継がれている。

創立者は技術教育を希望する者には誰にでも学習の機会を提供するのが学校の責務で、試験でさえ必要悪で教育上よくないといった。今日でもそれは同じだろう。入学時の偏差値など関係な

ピットからスタートラインへ（第3回全日本学生フォーミュラ大会にて）
（写真提供：（株）自動車技術会）

い。学生は自ら立派な技術者に育っていく。そのきっかけをつくってより高い目標に導くのが教員の務めなのだと、Formula SAEプロジェクトは実践で語っているのだ。

（佐野教授は現在客員教授としてFormula SAEの指導を継続している）

文部科学省特色GP「学生・教育最優先の方針」が評価

「特色GP」とは、文部科学省が学部・学科の教育面での意欲的な取組みを選び、支援することで大学改革を後押しするもので Good Practice の略。平成17年度の採択倍率は約9倍にも上る狭き門だった。

学生主体の教育システム

高等教育の大衆化が進む中で、大学に入学してくる学生たちは、興味や学力、その他様々な点において多様化している。このような状況において、大学も従来の教育システムの改善を行ってきたが、それも限界が見え始めている。なぜなら従来のシステムの大前提になる考え方である「同一レベルの学生へのマスプロ教育の提供」が崩れたからである。大学は学生に合わせた教育システムをつくり直す必要に迫られているが、なかなか着手できていないのが現状といえよう。

平成17年度文部科学省特色GPに採択された情報環境学部の「学生の自主・自立を支援する個

別重視型教育」は、こうした状況の中で、全国に先駆けた極めて斬新で魅力的な教育システムである。

情報環境学部は、情報の環境を学ぶという新しい考え方に基づき２００１年に開設された。建学の精神「実学尊重」に基づき、学生の自主・自立、問題発見・解決能力、創造性、グローバル性の育成を目標とし、学生を重視する個別学習（Just for You と Just in Time）教育を提唱した。大学のあり方を一から再考し、情報技術を駆使して新たな教育システムの構築に成功。学生にとって〝良い学校〟であるという創立時の精神を機軸にし、学生一人ひとりが、〝自分の大学をつくり上げる〟ことを目指したのだった。

様々な取組みの有機的連携

この個別重視型教育は、いくつもの試みが有機的に関連を持ちながら構成されるシステムの形をとっている。その基幹になっているのは、学生が自分のペースで納得のいく学習ができるように〝学年制を廃止〟したこと、集中力等を必要とする科目は〝授業時間を90分で週1回から、50分で週3回あるいは75分で週2回に変更〟したこと、さらにパソコンとインターネットを介して

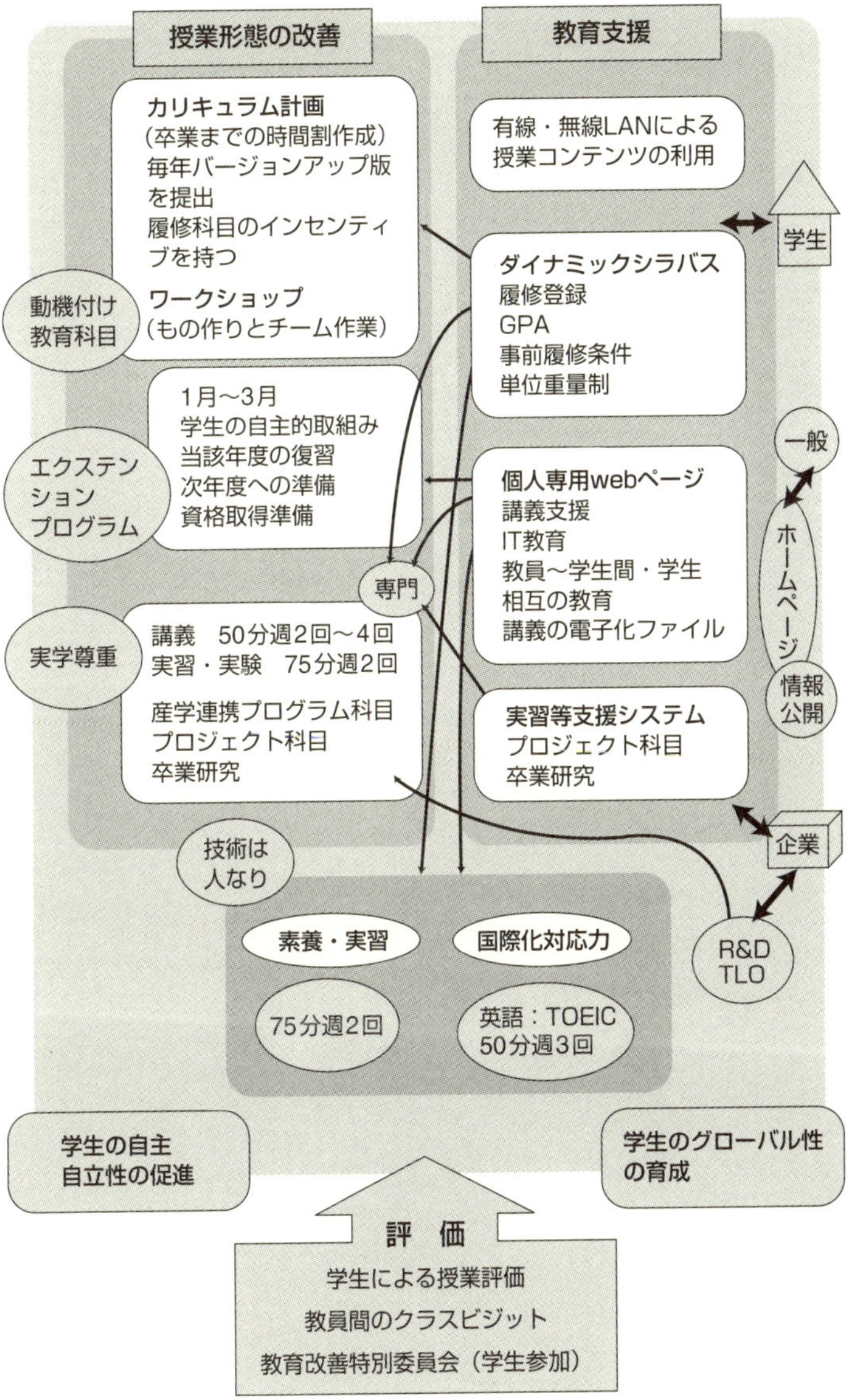
授業形態の改善
教育支援
カリキュラム計画
(卒業までの時間割作成)
毎年バージョンアップ版
を提出
履修科目のインセンティ
ブを持つ
ワークショップ
(もの作りとチーム作業)
動機付け
教育科目
1月～3月
学生の自主的取組み
当該年度の復習
次年度への準備
資格取得準備
エクステン
ション
プログラム
専門
実学尊重
講義　50分週2回～4回
実習・実験　75分週2回
産学連携プログラム科目
プロジェクト科目
卒業研究
技術は
人なり
有線・無線LANによる
授業コンテンツの利用
学生
ダイナミックシラバス
履修登録
GPA
事前履修条件
単位重量制
一般
個人専用webページ
講義支援
IT教育
教員～学生間・学生
相互の教育
講義の電子化ファイル
ホームページ
情報
公開
実習等支援システム
プロジェクト科目
卒業研究
企業
R&D
TLO
素養・実習
国際化対応力
75分週2回
英語：TOEIC
50分週3回
学生の自主
自立性の促進
学生のグローバル性
の育成
評　価
学生による授業評価
教員間のクラスビジット
教育改善特別委員会（学生参加）

目標達成のための履修計画を支援するシステムである〝ダイナミックシラバス〟を構築したことといえよう。また履修した単位数に応じて授業料を納入すればよい〝単位従量制〟の導入も話題を呼んだ。全体像を図に記した。

期待される成果

このように、情報技術による運用を中核として、学生の自主・自立、問題発見・解決能力、創造性の育成を向上させることにより、グローバル化・情報化時代に対応した課題探求能力の育成を図り、着実に成果を上げてきている。他大学からの見学や問い合わせも多く、今日の大学教育に与えた影響は大きいといえる。

学生一人ひとりの個性を重視して学習の機会を提供しようとする姿勢は、学園創立時からの学生第一主義、教育最優先主義に真摯に則った結果とも言えるだろう。また大学は、従来のように大学が行う教育の場ではなく、学生が主体的に学ぶ学習の場になる時代の到来を示すものであるといえよう。今後も大きな成果を上げることが期待されている。

文部科学省現代GP「プロジェクト科目を核とした産学連携」

今日の学生は目的意識が薄い者が多いと言われている。工学の分野も例外ではない。これは社会が複雑になり、自分のできることや目標が見えにくいこと、また少子化で親が子供に何でもしてやるため、自分で何かを成し遂げる経験が少ないことも原因かもしれない。

工学教育において、実際にものをつくる経験は不可欠である。理論や図面上だけではものはつくれない。そして経験がなければいくら薀蓄を語っても説得力はないのである。本学の「実学尊重」の精神はまさにここに由来する。学生は学んだ技術が実社会のどこに使われ、どのように役に立っているかを知ることは、学ぶことの大きな動機になるのである。

そうした意味から社会に飛び込んで実習を行うインターンシップは重要な科目といえる。しかし従来、ほとんどが夏期や春期の休暇中に2～3週間程度の企業研修を経験する形態で、企業の負担も大きく、またともするとアルバイト的になってしまう事例もあり、なかなか機能してこなかった実態があった。

プロジェクト科目とは

そこで考えられたのが、情報環境学部の「プロジェクト科目」である。建学の理念である「実学尊重」をベースに、学部理念の「自主・自立、問題発見・解決能力の育成」を実現させ、さらに2001年の開設以来、地域企業との産学連携を促進できる科目として、本学さらにインターネットも活用した情報環境学部ならではの独創的なカリキュラムが誕生した。そしてこの取組みは文部科学省が全国の大学の教育プロジェクトの中から優れた取組みを選定し、重点的な財政支援を行う文部科学省現代GP（Good Practice）にも選ばれたのであった。

この科目は、企業、自治体等から組織で解決しておきたい技術開発や製品の性能評価などの課題とその解決目標の提案を受け、学生が2～4人程度のチームで、学生自身が興味のある課題を選択し、その課題を1学期（約4ヶ月間）にわたり取組み、解決した成果を企業等へ報告するとともに、その成果を学内外で口頭発表するものである。プロジェクトはレベルによって2種類に分けられ、「基礎プロジェクト」では、開発型プロジェクトのための基礎訓練を行い、実際の企業、自治体などからの課題テーマ、教員から提示された実社会で扱われる基本的なテーマについて調査・開発・設計の実習を行う。また「開発型プロジェクト」では、学生が教員とともに実社会のテーマについて4ヶ月間あるいはさらに長期にわたって調査・開発・設計の実習を行い、成果はWeb上で公開している。

従来のようにインターンシップではなく、「産学連携教育」という位置付けで解釈することで、企業から課題の提供を受け、それを学内で解決するという擬似社会体験を1学期間かけて正規授業として行うことを実現したのだ。これにより従来のインターンシップ形式では受講できなかった多くの学生がインターンシップを体験できることとなった。さらに学生が問題解決にあたる際、企業担当者および教員がアドバイザー的な存在に徹し、成果の報告に際しても企業担当者・教員が共同して講評にあたることで、学生に大きな刺激を与えることができるようになった。

さらに企業等からの課題受付はWebベースで行われるため、地元に限らず全国からの課題を受けられる体制だ。企業担当者と学生間のコミュニケーションは当然ほとんどが電子メールで行われている。

教育の効果と意義

この科目を設置した結果、全学生の80％以上が「プロジェクト科目」を履修し、学生に最も評

産学連携の技術開発・製品開発等の概念図

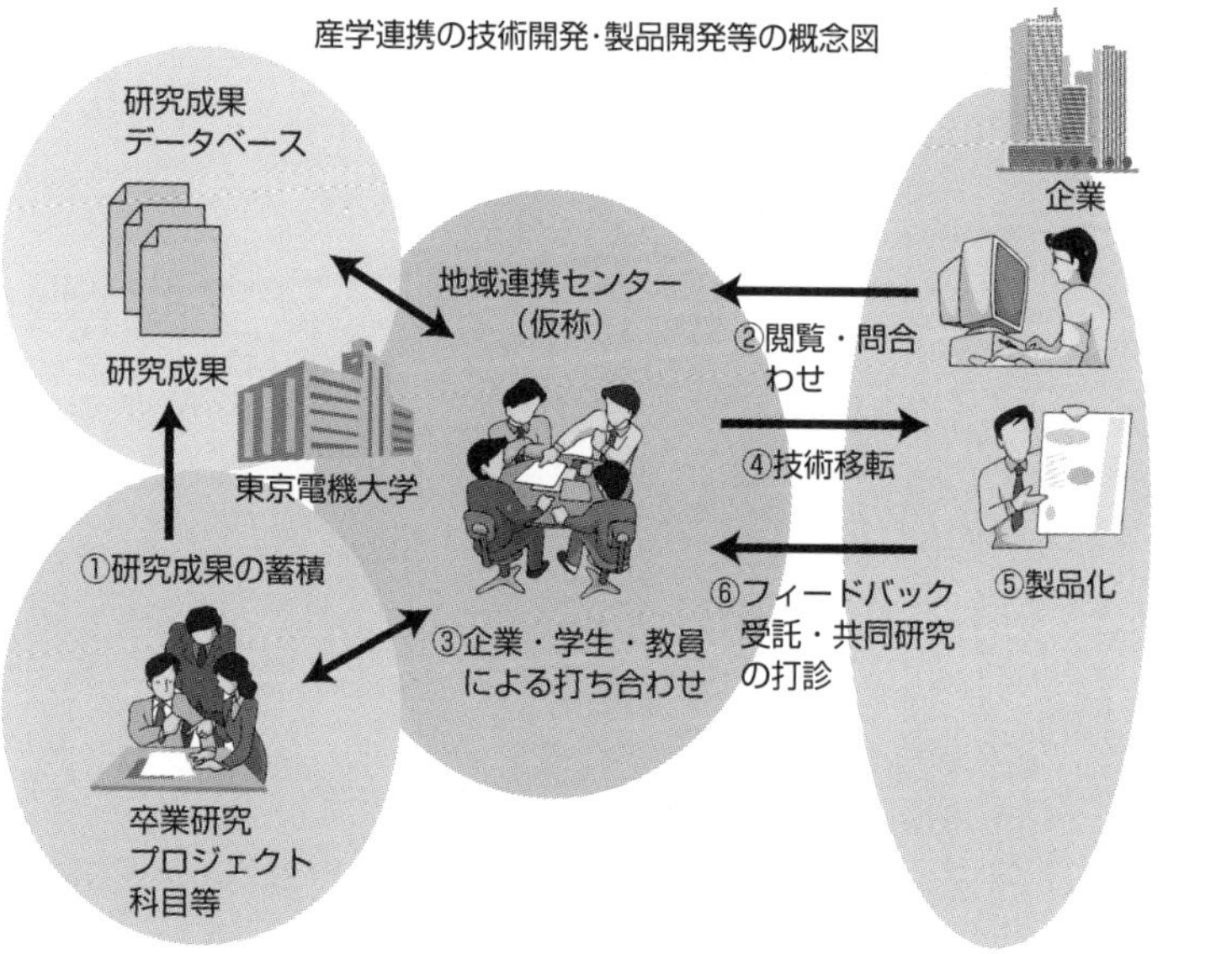

判の良い科目の一つになっており、すべての教職員が重要視している科目の一つに成長している。さらに企業側が「プロジェクト科目」の成果をさらに発展させるため、共同研究・共同開発等に発展する事例も多く、今後の成果が一層期待される。

学生自らが企業の担当者と協議しながら「正解のない問題」を解決していく手順を経験していくことで、学生は自ずと問題解決能力、自主性、創造性を醸成させていっている。彼らが社会にでて直面する問題は、大学の単一の科目の知識を利用するだけでは解決できない。いくつもの科目の内容を融合し、さらには独自のアイデアを適用することが不可欠になるのである。この科目を通して学生は大学で学習している基礎的な教科を十分に理解し、そのうえで他の教科との関連も必要となることの重要性に気付き、学部内のすべての教科に対する学習にも興味や必要性を意識するようになっている。ともすれば教科ごとに単位を取得することだけに集中する科目独立の縦割りの学習から、教科の関連を意識しながら学習する横串的学習を経験することによって現実の問題に挑戦する能力を身に付ける意識が高まる結果となっている。

プロジェクト科目は、本学が創立以来堅持している技術者教育の根幹を再確認し、現代のニーズに合わせて、さらに発展させたパイオニア的な試みといえよう。さらに他大学等でもこの取組みが推進されることを期待し、複数大学での共同実施という新たな展開の提案をしているのも、本学の時代をリードする先取の精神のなせるところであるといえよう。

ソーラー電気自動車を世界で実証実験

私たちの周りには多くの自動車が走っている。約100年前に開発された自動車は、私たちの生活を豊かにしてくれたが、現在普及しているガソリン車には多くの課題がある。まず有限の資源である石油を原料にしていること。石油資源は枯渇の危機が叫ばれており、まして日本は石油を産出しない。輸入が止まれば車は動かないのだ。またガソリンを燃焼させることで、排気ガスや排熱が発生、削減が世界的な課題になっている二酸化炭素を排出し、環境に大きな影響がでてしまう。さらにガソリンをエンジンで燃焼させた運動エネルギーを利用し走行するためエンジン音はなくせない。今後、発展途上国でも自動車の普及が想定されるが、地球上が自動車だらけとなった後の影響は深刻な結果をもたらしかねないのである。

工学部電子工学科の藤中正治教授は、こうした問題を解決するため、太陽電池からの電気出力をエネルギー源とした電気自動車（ソーラー電気自動車という）を日本で初めて提案、実証実験を重ね世界中の研究をリード、その普及・啓発を精力的に行い、多くの研究成果、そして多くの卒業生を社会に送り出してきた。教授は、オフィスや工場、家庭の屋根に太陽電池を設置し、この出力を充電し自動車を動かすのだが、もちろん、この電気自動車のルーフ、ボンネットにも高性能太陽電池を搭載して、自然の恵みを最大限に生かした脱石油自動車の普及を理想として研究を推進させてきたのである。そして、その成果が今日の低公害車の普及として大きな実を結んでいる。その実証研究の歩みはまさに本学の実学重視の技術者教育を象徴する事例といえるだろう。

藤中教授の取組み

藤中教授が太陽電池を搭載したソーラー電気自動車の開発をスタートさせたのは１９７３（昭和48）年。１９７０年代は石油ショックや公害が社会問題化し、省エネルギーが叫ばれ、太陽電池の本格的量産が始まった頃だった。ガソリン車の課題を解決するには、商用の電力を使っては意味がない。なぜなら商用電力は主に化石や核燃料を源とした発電所でつくられるからである。そこで自然のエネルギー源、すなわち太陽の力を利用して走行できる車の開発を目指したのだった。

教授はソーラー電気自動車の普及により石油資源を節約でき、環境に優しく、多くの人が永遠

ソーラー電気自動車

にカーライフを楽しめるようにと願って研究をスタートさせた。そして、その成果を広く社会に役立ててほしいという思いから多くの自動車メーカーの協力を仰いだ。

また、自動車は様々な環境下で使用に耐えなければならない。北海道と九州では自然条件が異なるし、山道や高速走行も想定が必要だ。さらに世界には想像を超える大規模な山脈、灼熱の砂漠、超長距離道などもある。教授は研究室に閉じこもることもなく、学生とともに自作のソーラー電気自動車でこの過酷な環境下で実証実験を精力的に行っていった。

1993年には、日本一周を目標に開発をスタート。ホンダ社のＴｏｄａｙ車を電気自動車仕様にするため不要な部品を取り外す。「油にまみ

海外遠征、アメリカ S-EV チャレンジ '95のルート、日程

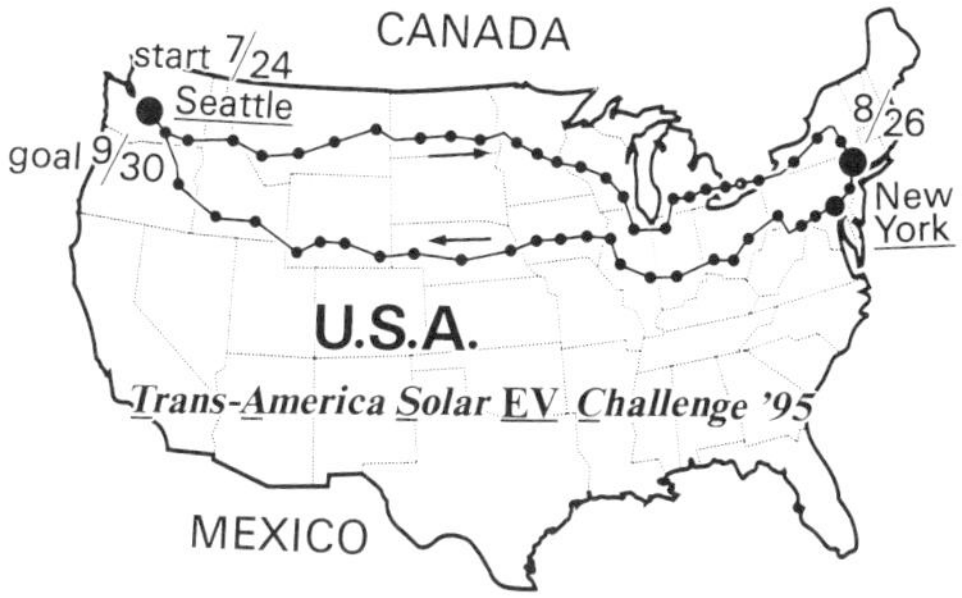

ワシントン D.C.を走る
ホワイトハウス前

大空を切断するような直線道路

れ、スパナ、ドライバー、金づちなど家庭用工具のみによる車の解体は意外と大変な作業だが、学生は日頃の教室での授業では味わえない楽しさを満喫」したという。そして天井やボンネットに太陽電池を装備。１９９４年３月から約１ヶ月、東京から太平洋側を南下し熊本に至り、さらに日本海側を北上し札幌に至る「日本一周実走テスト」を実施した。実用を前提にした開発では、過酷なオンロードでの実証実験を行い、試作電子部品の性能、信頼性、耐久性、燃費など、車全体の性能を知ることが重要なのである。

さらに１９９５年には前回、箱根越

ヨーロッパ走行ルート

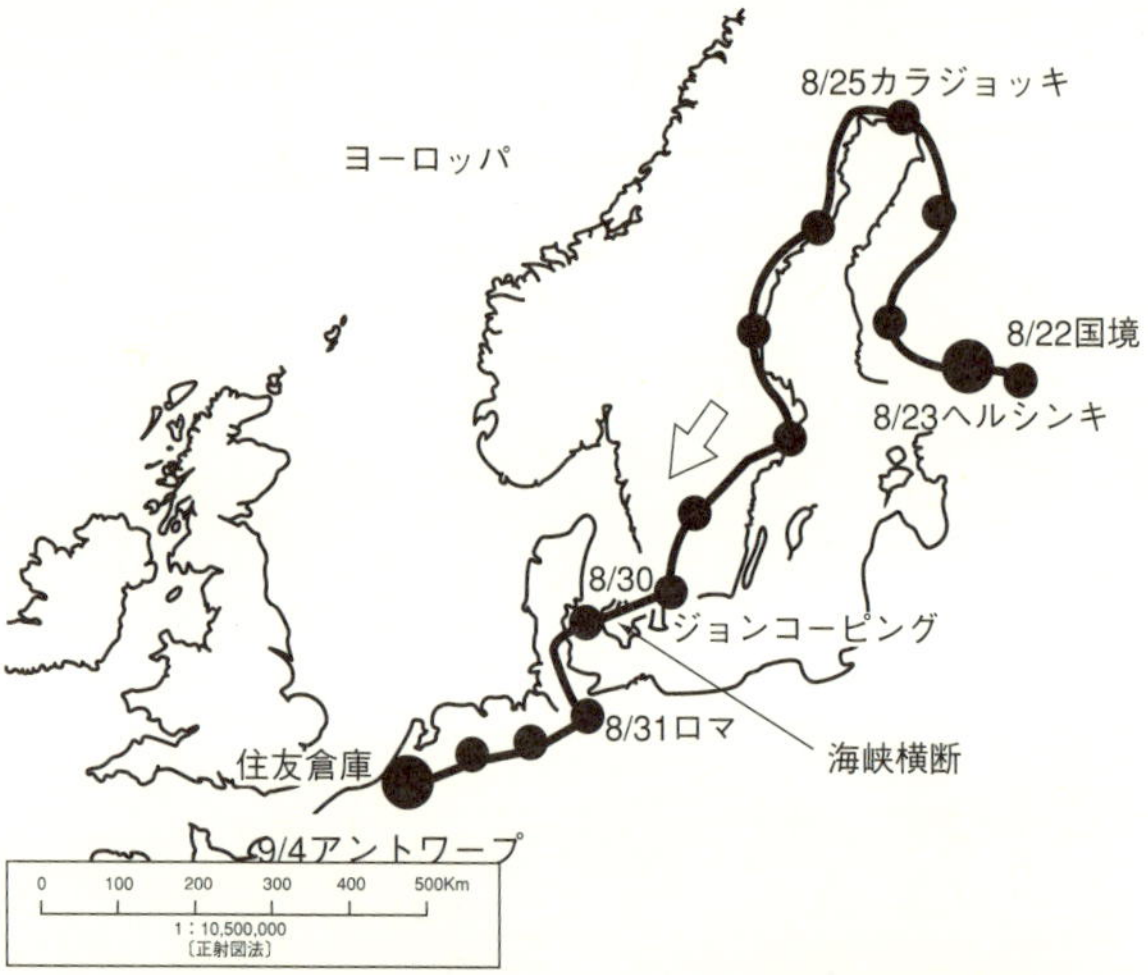

スウェーデンからデンマークへ

ストックホルムへ

えが厳しかったことを反省し、次の目標を「大山脈を一気に上り、高速道路1万キロ以上をノントラブルでスマートに走る」とした。スズキ社のセルボ車を改良し、東京・鹿児島間の「高速道路走行実験」を実施。さらに、同年7月には「アメリカ大陸横断往復1万キロ」（シアトル・ニューヨーク往復）に挑戦した。真夏の過酷な自然条件のなか、平均時速80キロ／時、毎日200キロを走行。9月末に無事実験を終了。その様子はインターネットで全世界に紹介された。

1997年には電池性能の格段のアップによりガソリン車並みの完成度を目指した。トヨタ社のスターレット車を改造し、「皇居一周」、「東京・名古屋往復実験」を行い、同年夏には「欧米大陸横断実験」を行った。ロンドンに入りパリ、ミラノ、そしてヨーロッパアルプスを越え、ブリュッセル、アントワープと欧州を横断、ニューヨークに入り気温35度を超えるアリゾナ砂漠を通過し、ロサンゼルスに至る走行実験を成功させた。さらに1999年には「東京・大阪無給電走行実験」「ゴビ砂漠1000キロ実験」を経て、2000年にはウラジオストクからモスクワ、北欧を経由しアメリカニュージャージーからロサンゼルスに至る1万8000キロに及ぶ「世界一周走行実験」を無事成功させた。

これらの実験にあわせ、教授は訪問先の企業や学校でセミナーを行い、さらに世界中のマスコミにも未来の自動車のあり方の解説をした。また、東京モーターショーはじめ様々なイベントにも積極的に参加し、広く一般の人への普及啓発を熱心に行った。新しい技術を研究・開発するだけでは不十分で、一人でも多くの人に資源や環境について興味や関心を深めてもらうことが最も大切なことの一つである。大学の知識は広く社会に還元することが大学に籍をおく者の使命であるという信念が本学には伝えられているのである。

藤中研究室には、窓際の一角に教授の机があり、学生たちは部屋の実験テーブルに常に集まってくる。「個室はいらない。学生たちに自分の後姿を見せているんだ」と教授は言う。学生は「先生が頑張っている後姿を見ると、僕たちが怠けるわけにはいかないんです。先生を尊敬しています。」そんな答えが自然と返ってくる研究室だ。

学生の先輩として自らの行動で技術者の姿勢を示す藤中教授と、尊敬し信頼する指導者のもと、技術者を目指す後輩の学生たち。本学の理想の姿を実現させた研究室といえよう。

21世紀COEプログラム
実際に役立つ技術を研究・開発し、教育に反映

パソコンのワープロ機能では、操作する人間がよく使う言葉を記憶し、文字変換の際に選択しやすいよう上位に表示してくれる。つまり学習機能が付いているわけだ。しかし、パソコンのように、機械が自ら操作する人間のレベルやクセを学習して操作者に使いやすいように機械自身が変化していく、という機械はまだ実現されていないといってよいだろう。

機械は人間の活動が楽になるように発展してきた。クレーンのように重いものを運んだり、工場の機械のように同じ動作を正確に繰り返す、自転車や自動車のように人の移動を手伝う、その他、冷蔵庫や洗濯機、テレビ、DVDなど、私たちの生活は様々な機械に囲まれている。特に近年の機械は単純な動作の繰り返しだけでなく、電子や情報の技術も融合され様々な機能を持つようにつくられている。この技術をメカニクスとエレクトロニクスを足して、メカトロニクスという。ちなみにこれは日本でつくられた和製英語で、現在では世界でも使われるようになった言葉と言われている。

このメカトロニクスは、今まで機械をいかに人間のように「賢く」するか、つまりインテリ

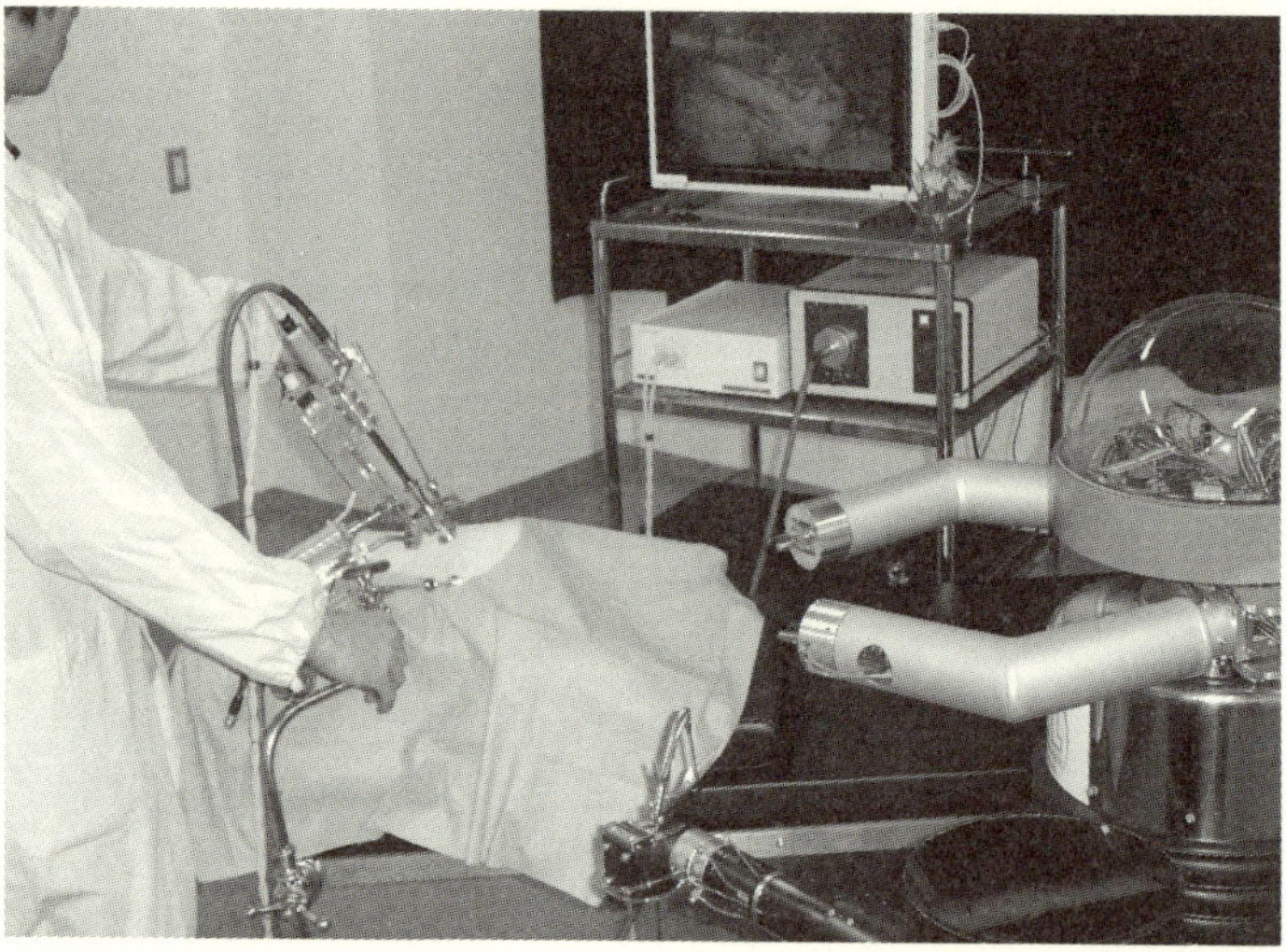

手術支援ロボット

ジェント化するかを大きな課題としていた。そこで機械に人工知能や知識工学、マルチセンシング技術等を融合させ、環境変化に自動的に適応したり、実世界との相互作用を通じて知識を獲得したりして機械自身が自律的に賢くなる知能機械の設計法がいろいろと提案されてきた。しかし、この段階では人間が機械に慣れることが大前提で、機械が人間の習熟度を考慮して機械自身が変化するようなシステムはまだ検討されていなかった。

東京電機大学が平成15年に21世紀COEプログラムに採択されたのは、まさにこれを実現しようとする「操作能力熟達に適応するメカトロニクス」プログラムだ。リーダーは対人地雷除去や、ぶら下がった振り子を振り上げて直立させる「フルタ・ペンデュラム」で世界的に著名な古田勝久教授である（大学院先端科学技術研究科先端技術創成専攻）。

日本は先進工業国として経済大国と言われながら、大学は世界のトップレベルの大学に比べると評価が低いと言われてきた。しかし、科学技術創造立国を唱えるわが国にとっては、科学技術で世界をリードする研究、そして人材育成システムを構築することは国の基盤ともいえる重要課題である。さらに、地球環境や資源エネルギー、人口など、国際的な課題が言われるなか、日本が学術的に世界に貢献することは、国際社会の一員としての責務ともいえる。

21世紀COEプログラムは、こうした背景をもって平成14年度から文部科学省が推進してきた事業である。採択された大学に対して、世界最高水準の研究教育拠点を形成し、研究水準の向上と世界をリードする創造的な人材育成を図るため重点的な支援を行い、国際競争力のある個性輝く大学づくりを推進することを目的としている。

東京電機大学のこのプログラムでは、機械を操作している人間の熟達度に機械系自らが適応・変化し、操作者の操作と習熟の支援を適切に行う知能機械（Human Adaptive Mechatronics：HAM）の研究、教育を行うことを目的としている。

具体的な例をいえば、現在の義手は、その人のクセや習慣を反映させたものにするには、その人専用の義手を製作しなければならなかった。当然経費も高くなる。しかし義手がその人のクセや習慣を学び、その人に適応する義手に成長することができるような機構を備えることができれば、あらかじめ、その人専用の義手をつくる必要もなくなり、経費も安くなるだろう。同じように、障害をもった人や高齢者の介護の場合、その人の回復や状態に合わせて機能を変化させる機械の開発を行えば、本人が機械に合わせて無理な動作をしなくてもすみ、リハビリや介護の現場での看護士や介助者の負担も軽くすることができるだろう。さらに医療の現場での活用も想定されている。手術をする医師の様々な技術レベルに合わせ手術をサポートする機械があれば、医師への的確なサポートが期待でき、医師はより高度な手術を行うことも期待できる。このような手術支援ロボットの開発も視野に入れている。つまり、科学技術に人間があわせるという従来の思想から、科学技術が人間に寄り添う技術の開発を目指しており、その点で未来科学部の考え方を体現したプログラムといえよう。

しかし、人間に適応するメカトロニクスシステムを研究・開発するためには、従来のメカトロニクスの基礎の電子、機械、情報、制御、システム工学だけでは十分とはいえない。人間を中心に据えた科学技術には、当然人間の研究も必要で、認知心理学、医用工学、医学という人間に関する広い分野との共同研究が不可欠だ。東京電機大学にはそうした研究体制をとることができた数少ない大学といえるだろう。このプログラムでは、制御、機械、人間の三つのグループの協力協調により、国際的な研究が推進され、さらに次世代を担う大学院での教育拠点の創生を目指し、研究が推進されている。

具体的な研究テーマは以下のとおりである。

①手術支援システムの開発
②幼児用電動義手の開発
③医療検査用遠隔可能アクチュエータの開発
④操作熟達度と脳活動の関連を調べる研究

実際に役立つ技術を研究・開発し、教育に反映させていこうとするポリシーと、研究分野の広さ、研究陣の層の厚さが東京電機大学にあってこそ、このプロジェクトが成立したといえるだろう。

第7章

TOKYO DENKI UNIVERSITY

理事長が語る学園の理念

学校法人東京電機大学　理事長　加藤康太郎
昭和10年7月、満州国に生まれる。
昭和33年3月、東京電機大学工学部電気通信工学科卒業。
平成16年3月、学校法人東京電機大学理事長就任。

「東京電機大学人」への願い

「東京電機大学人」とは、学生、教職員、卒業生、そして広くは保護者の方も含め、本学園とかかわりを持っているすべての人々を念頭にしている。私は、東京電機大学人が、建学の精神、本学の教育・研究の理念を実現する人であってほしいと願い、ことあるごとに教職員、学生、卒業生に「東京電機大学人たれ」と言っている。

経営者として私は、東京電機大学人が実学尊重の教育・研究により社会に貢献するという建学の精神のもとに、高等教育を担う組織として、当たり前のことを当たり前に行っていれば、大学経営は十分にできると考えている。

確かに、現在の学園の姿に問題がないわけではない。学部・学科の偏りや規模の適正化、受験志願者の減少、組織の硬直化など、解決すべき課題は少ないとはいえない。しかし、現実を真摯に見つめ、その原因を探り、問題意識を共有し、目指す方向を一にすれば、本学園は、再生からさらなる飛躍へと踏み出すことができると信じている。

私は、昭和29年に東京電機大学の高等学校を卒業し、昭和33年に工学部電気通信工学科を卒業した。父親も昭和7年に電機学校を卒業し、私の長男も高等学校から平成元年に本学の理工学部建設工学科を卒業しているので、親子三代にわたる東京電機大学出身である。ＰＴＡ会長、卒業生の団体である校友会の理事長、学園の理事を2期務め、そして平成16年3月から理事長の大役を仰せつかっている。

私が理事長を仰せつかっているのはなぜか。私の人生にとって学園の理事長とはなにか。母校に長くかかわりあったのはなぜかと考えるとき、私の愛校心がそうさせたのではないかと思う。母校に対する愛校心だけは誰にも負けないという自負を持っている。母校の理事長を務めることは私にとって誠に光栄なことなのである。

東京電機大学の基本とは何か

平成19年に創立100周年を迎える本学園は、明治40年に廣田精一、扇本眞吉により電機学校として創立された。廣田精一は東京帝国大学工科大学を卒業後、高田商会に入社し、在職のままドイツのシーメンス・ハルスケ電気会社に入社し、欧米諸国を視察している。扇本眞吉は、東京帝国大学工科大学を卒業後、シーメンス・ハルスケ電気会社、深川電灯株式会社、江ノ島電気鉄道株式会社に勤めていた。ともに30代の青年技術者は、これからの日本に「実学をつくる」という理念のもとに電機学校を設立した。これは大変な見識と言えよう。

この学校は、今でいう総合科学技術会議の中心メンバーのような人々、例えば日本の電気の学問をつくった中野初子や、逓信省電気試験所長の浅野応輔、電気学の権威として国内外に知られた山川義太郎らが設立当初からの顧問であり、常に新しい情報のもとで教育を行っている。そこに流れる精神は、『電機学校設立趣意書』にも見られるように、「工業教育の普及を図り、着実な足どりで後世科学技術の総本山となるための理論に基づいた実学を目指し、時代の要請を的確につかみ、研究を究めるのではなく、実際に、例えば電機を動かすことができる技術者を育てる」ということに尽きる。

創立者の運営方針は、「学校の存在も細大の校務も、生徒を前提とする。（中略）生徒に対しよい学校にすることを根本義とした」というものであった。

教育についても、「知識は紙によって伝えられる。学生は紙に書かれた知識をどれだけ記憶したかによって試されるのではなく、その知識の先に何があるのか、それをどこまで洞察したかによって試されねばならない」と述べ、「現代社会に試験制度は欠かせないであろうが、しかしそれは必要悪であることを自覚しなければいけない。試験制度がひとり歩きしてしまうと、人が試験制度をつくるのではなく、試験が人をつくるようになってしまう」と言っている。これは、まさしく現代でも通用する言葉ではないだろうか。

創立者である廣田、扇本は、工業教育の普及と学園財政基盤確立のために心を砕き、努力を惜しまなかった。明治40年に出版部を設置したこともその一つである。これは社会への知識の普及とともに本を出版することで学校の運営資金を補おうとしたものでもあった。出版部はその後も発展を続けた。大正11年9月に株式会社オーム社を独立させ、これは今日、科学技術の大手出版社となっている。

また、電機学校同窓会を明治42年に創立し、さらに「School is coming to You」という校外生制度（通信教育）を明治43年に開設した。通信教育のターゲットは、人里離れた山奥の発電所に勤務する人や、東京にいても時間がないため夜も昼も通学できない人であった。このように、通信教育にも教育最優先の方針を貫き、事業は大きく発展した。教育にも経営にも大変に先見の明があったと言える。

私は、「財の独立なくして、学の独立なし」と常に言っているが、これは創立者の行動が示すように、資金の裏づけがあってはじめてよい教育、研究ができるということなのである。

創立時、廣田、扇本の個人経営であった学校は、2人の電機学校関係の私財すべての寄付により、大正5年、当時としては数少なかった財団法人となった。財団法人発足時の理事の職務分担は、総務理事が廣田精一、財務理事が扇本眞吉、理事学校長に加藤静夫という陣容である。

その後、昭和24年の学制改革により、東京電機大学を設立し、初代学長に日本を代表する技術者である丹羽保次郎博士を迎えた。博士は、日本電気在職中にファクシミリの開発に成功し、日本の10大発明家に数えられており、「技術を構成するいろいろな要素には、それぞれの自然法則が応用されるが、これを再構成してより大きな総合技術として完成させるには、技術者の構想を多分に必要とする」と述べている。この言葉は、まさに現在の科学技術の方向と言えよう。すなわち「個々の技術や学問を専門に深く追求し、分析する基礎的な研究も大切であるが、それぞれの専門に横串をさすような、構成的な科学技術の重要性」ということである。

「実学尊重の技術者教育で社会に貢献する」という本学園の設立理念、丹羽保次郎初代学長の言う「技術は人なり」を目指す。これは時代を超えた指針といってよいだろう。

一方で、大学に続く中等教育にも力を注ぎ、新学制のもと、1948年には電機学園高等学校（現東京電機大学高等学校。電機第一・第二工業学校から移行）を神田キャンパスに設置した。その後、小石川の国有地の払い下げを受けて、1965年には小石川キャンパスに移転し、当地で教育を展開してきた。1979年には隣接地を東京都から買収し、校地を拡大したが、その後、1992年にはこの小石川キャンパスを売却し、現在の小金井キャンパスに移転した。

6年には、東京電機大学中学校を新設した。名実共に中高一貫教育（1999年から中高共に男女共学）を行う進学校も持つ「理工系総合学園」として、現在に至っている。

なぜ変革が必要なのか

このように、輝かしい歴史と伝統があり、それなりに発展してきた本学園であるが、解決すべき課題も抱えている。それは輝かしい歴史と伝統があったからこそ、起こってきたものとも言えよう。

戦後の日本は、復興から高度成長期を迎え、人口の増加と産業の発展に伴い国をあげて人材育成に力を注ぎ、そのために大学新設が相次いだ。その後も定員増加の措置がとられるなど、大学は多くの学生を受け入れ社会に多くの人材を送り出す体制をとった。本学園も積極的にこうした方向性に倣い、学部・学科の新設、定員増加を行い、理工系学生の養成に積極的に取り組んだ。

社会的な需要も増大し、学生数が増加するなか高度成長に伴う大学の膨張がはじまったといえる。その急膨張期のときに、膨張を追いかけることに専念してしまい、学園の原点を忘れ、自分自身の姿が見えなくなってしまったのではないか。膨張すれば、それに伴って組織も大きくならざるを得ない。「自分さえよければ良い」「自分だけ安定すれば良い」という大企業病とでも言うような風潮が生まれ、はびこってきたのではないかと考えている。

いまや高度成長は過去のものとなり、18歳人口の減少、大学進学率の頭打ち、夜間学部の変質等も進み、とうとう大学全入時代が目前となっている。

こうした現象はどのような組織にも見られる。組織の拡大は硬直化をもたらし、権威主義、事なかれ主義というような無責任な体制を生み出す。その結果、時代の流れやニーズと乖離してしまい、徐々に社会からは必要とされない組織とみなされるようになってしまうのではなかろうか。

本学園においても、教職員が組織の使命を正しく認識しているか、自分が組織を担っているという認識が薄れてしまってはいないだろうか。すべてを自分のこととしてとらえ、自分の仕事としてきちんと認識できているのかどうかを自ら省みることが必要である。そして、もし組織体制に不備があるなら、その組織体を変革せねばならないと考えている。

私学は教育と研究を展開するにあたり、自ら財を確保することが大前提である。しかし、膨張期を経験したことにより、そうした意識が薄くなり、安閑として事を進めてきたとすれば結果は明白である。学校の〝バブル〟にのっかってしまい、あぐらをかいて自分たちのあるべき姿を見失ったという構図は、残念ながら、本学も例外ではないと言えよう。

日本の私立大学は、経営が苦しくなると学費を値上げすることで収入を増やすという経営をしてきたと言えるが、その前にやるべきことをやっていなかった、いやむしろやるべきことを見失ってしまっていたと言えるだろう。私は、社会全体からみて大学という組織は研究も含めて、奢っていたのだと思っている。

繰り返し述べているように、本学の理念は「実学尊重」「技術は人なり」である。しかし、経営的にも教育的にも、高度成長の流れ、高学歴化という大きな社会のうねりの中で、翻弄されてしまったといえる。

われわれの原点へ戻ろう

私は、問題が起きたら常に、「原点に立ち戻る」という信条を持っている。
本学の目的は、科学技術を通して社会に貢献する人材を育成することである。

原点、そしてわれわれが目指す方向性とは、

●建学の精神・教育理念の原点：「実学尊重」「技術は人なり」に戻る
●学生第一主義：学生のための学校であり続ける
●教育第一主義：教育はすべてに優先する

の3点である。

建学の精神の背景にあるのは、新しいものにチャレンジする精神や常に一流であろうとする主義である。

学生第一主義とは、学校は学生のための学校であり、教職員のための学校ではないということである。学校は学生を育てる〝サービス業〟であり、目指すのはホスピタリティの高い大学である。

教育第一主義とは、教育をすべてに優先させること、経営的には、授業料は学生に還元すべきであるということである。

私は、創立者の精神を胸に、その方針に正しく沿えば、本学園は歴史と伝統を背景にいっそう発展していくと考えている。先人が築いた歴史と伝統を引き継ぎ、社会のニーズを理解し、教育機関である学校に求められていることを着実に実行すれば、多くの方に支持していただけるし、自信を持って経営ができると判断している。これは、将来にわたっても変わるものではない。本学園は２００７年に創立１００周年を迎える。優雅に泳いでいるように見える白鳥でも、水面下では足を休めず動かしているように、本学の歴史と伝統を支えるためには、たゆまぬ努力が必要である。これが「やるべきことを着実に実行する」ことである。

やるべきこと、それは本学園でいえばまず学生第一主義であり、企業でいえば顧客本位ということである。企業的にいえば、学生とは顧客である。学生のニーズや希望、置かれた状況を十分に理解し、彼らの将来の人生に役立つように教え導き、共に学ぶこと、これがわれわれの使命である。しかし、その使命を果たしてわれわれは全うしていただろうか。私は、企業人としての経験からも、「現場に解あり」と常に言っているが、学生をきちんと見ていれば、おのずからやるべきことはわかるはずである。

学校は学生を教育する機関であり、「大学は教学最優先」である。これを経営する法人は、学園財産の管理・運用も含めて、それを支えることが使命である。学長が教学を支え、私は理事長として経営を支えるということである。

ときに大学教員は、教育より研究を優先する傾向がある。しかし本学園は、誠実かつ正しい教育を行うために、研究をしている。決して研究をするための教育をしているわけではない。創立者は、教育のためにトップレベルの技術、例えば神田校舎の発電機、無線実験室、実演室などを導入した。つまり、国家の最高レベルの技術を学内にモデル的につくり、それを学生に見せるという実学を推進しており、それを導入できる研究力を持っていたのである。これが本来の東京電機大学の姿であり、その原点に戻らねばならない。

再生から飛躍へ

経営を担う者にとって、経営の継続が最重要課題である。常に最大のリスクに直面したときどう対処するか、どう組織を生かすかを視野に入れて経営しなければならない。来年はどうか、5年後はどうか、10年後は大丈夫だろうか。私は、寝ているときも起きているときも、極端なことをいえば、それしか考えていない。そして、当然、後継者を育てることを考えている。それがトップの仕事であると考えている。

東京電機大学が時代のこの大きな局面を乗り越えて新たに発展していくため、先にも述べたように、私はまず教職員が「東京電機大学人」たるべきであると考えている。つまり教職員一人ひとりがプロ意識を持った構成員でなくてはならないということである。全教職員が時代の要請と現在の問題点を認識すること、そして本学が何をすべきかを全教職員で決めることが大切である。全教職員がプロ意識を持つことは、モチベーションの高揚にもつながる。さらに「是は是、非は非」の倫理観、今ふうにいえばコンプライアンスの意識を持つ、これが大切である。

私はこれらをまとめ、教職員が信条とすべき次の5項目があると思う。

1　すべてに礼節を重んず
2　本学は一人ひとりのプロの教職員によって構成される組織体である
3　額に汗し、努力の結果以外の報酬は受けない
4　すべての判断尺度は「正しいかどうか」、「公正であるかどうか」である
5　常に原理原則に立ち、凛然と事を決する

東京電機大学の改革を軌道にのせ、再生し、飛躍するための戦略として、学長は教学の改革を進め、私は理事長として、教学を支え、管理運営組織の改革を進めているが、この2つは車の両輪である。ど

ちらが強くても、弱くても、うまくいかない。

今日の経営状況をみるとき、経営を司る法人が機能しないままの時代が長く続き、そのために組織として弱体化したことが、現在の状況を招いた大きな原因の一つであると私は思う。学園運営のすべてが教学主導、教員主導になり、教員に何も言えない体制となってしまった。

しかし、教育・研究を専門としてきた教員が法人のマネジメントができるような安定した単純な時代はすでに過去のものとなっている。特に私の担当する経営面では、時代に合った管理運営組織の改革が緊急の課題であり、そのための事務職員のレベルアップ、つまりアドミニストレーターとしての人材養成が急務である。また、学の自由は財の自由なくしてあり得ないのであり、財政基盤を確立させることが私の二つの重要な仕事だと考えている。この改革をこの2006年4月から着手している。

私が理事長になり3年目になるが、最重要課題は管理運営組織の改革であり、この仕組みを早急に変える予定である。大学は事務組織ごとの縦割りになっているため、全体を見て、その中で自分たちが何をするべきかということがどうしても明確にならない。そのため、「作業はしているのだが、仕事はしていない」という状況が起きがちである。

目的意識を持って努力し、その結果を評価する管理運営部門の組織を確立すること、その所在を明確化することが、財政とともに教育研究をサポートする立場として大切だと考えている。

超我の奉仕

私は「超我の奉仕」という言葉をよく使う。これはロータリークラブの理念なのだが、わかりやすく言えば「感謝の気持ちを持つ」ということである。私の父は放送施設設備を専門とする会社を設立したが、「学校を卒業して、いまの会社があるし、いまの私がある。学校にとても感謝している」と語っていた。私も同じ気持ちである。学校に恩返ししたいという気持ちを常に持っているのである。

学園卒業生はすでに18万人にのぼり、日本の各分野で活躍している。横河電機の創立者である横河一郎、カシオ計算機の創立者である樫尾俊雄、電子顕微鏡の実用化に成功した高橋勘次郎、国産心電計を開発した福田孝、異色なところでは作家の新田次郎、インベーダーゲームの開発者である西角友宏など、多彩の人々を輩出している。

学生が活き活きしている大学へ

私が何より好きなのは、学生が目を輝かせて勉強している姿、研究室で研究に打ち込んでいる姿、そして友人とキャンパスライフを楽しんでいる姿である。われわれの次の世代を担う若者たち、また新たな知識を修得し、社会への貢献を目指す社会人学生たちが目の前で活き活きとその準備をしていると思うとき、学校とはなんと夢のある場所なのだろうと感慨を深くするのである。

東京電機大学で教育を受けた学生が社会に出て、4年間あるいは6年間の教育に感謝し、それで今の自分があるのだという思いを抱いてくれるような大学であり続けたいと思う。その感謝の気持ちを持って母校のキャンパスを訪問されることを強く願うが、たとえキャンパスを訪れることができなくとも、自分がいるその場で母校への感謝の気持ちをもっていただければ、大学に携わる者として本懐である。

そのためには、教職員が一体となって本学の理念に基づいて学生のことを考え、積極的に行動する。そして先生は学生のために一流の教育を展開する。学生は活き活きとキャンパスライフをおくることができる。そういう大学でありたいと考えている。

私の在学中には校歌はなかったのだが、今はすばらしい校歌がある。最後に校歌を紹介して終わりとしたい。本学の未来は燦然と輝いているのである。

東京電機大学校歌（作詞・草野心平　作曲：平岡照章）

1
日輪は　天にかがやき
白雲は　富士に沸きたつ
朋がらよ　眉あげよ
大いなる　歴史のなかで
われら新しい　真理を創る
東京電大　われらが母校
ああ　讃えん哉
その伝統

2
天体は　いよよ近づき
めぐる四季　時間は早し
朋がらよ　夢もてよ
大いなる　時空をめざし
われら新しい　文化を創る
東京電大　われらが母校
ああ　燦然たり
その未来

付録

TOKYO DENKI UNIVERSITY

年表

1907	電機学校を東京・神田に創立（学園創立）「実学尊重」を基本方針とする
	出版部設立
1914	科学技術関係出版のオーム社創業 （創業者は電機学校創立者の一人、廣田精一）
1924	ラジオ実験放送を開始（NHK は1925年実験放送を開始）
1928	丹羽保次郎博士（後の初代学長）が写真伝送（現在のファックス）に成功
1948	電機学園高等学校開学（現・東京電機大学高等学校）
	東京・秋葉原に秋葉原電気街誕生
1949	東京電機大学開設（神田キャンパス）、工学部設置、 初代学長・丹羽保次郎博士
	丹羽博士の言葉「技術は人なり」を教育・研究理念に
1950	短期大学開設（夜間）
1952	工学部第二部設置（夜間）
1958	大学院開設（日本初の夜間大学院）
1977	理工学部設置（鳩山キャンパス）
1990	千葉ニュータウンキャンパス開設
	「ワークショップ」と名づけた工作科目を導入
1992	小金井キャンパスへ高等学校移転
1996	東京電機大学中学校開校（小金井キャンパス）

1999	東京電機大学第１号ベンチャー企業「㈱ダイマジック」設立 （代表取締役：情報環境学部・浜田晴夫教授） 東京電機大学高等学校・同中学校男女共学化
2000	東京電機大学がTLO（「大学等技術移転促進法」に基づく技術移転機関）に承認
2001	情報環境学部を千葉ニュータウンキャンパスに設置
2003	「人間の操作能力熟達に適応するメカトロニクス」研究が文部科学省「21世紀COEプログラム」に選定
	「マレーシア・ツイニング・プログラム」が文部科学省「特色ある大学教育支援プログラム（特色GP）」に選定 （私立13大学によるコンソーシアム）
2004	「プロジェクト科目」（情報環境学部）が文部科学省「現代的教育ニーズ取組支援プログラム（現代GP）」に選定
2005	秋葉原クロスフィールドに東京電機大学のオフィス「秋葉原ブランチ」が誕生
	「学生の自主・自立を支援する個別重視型教育」（情報環境学部）が文部科学省「特色ある大学教育支援プログラム（特色GP）」に選定
2007	創立100周年

参考文献

〈1章〉

・エズラ・F・ヴォーゲル著『ジャパンアズナンバーワン』ＴＢＳブリタニカ、１９７９
・経済産業省『新経済成長戦略中間とりまとめ』２００６
・田中角栄著『日本列島改造論』日刊工業新聞社、１９７２
・土屋忠雄、渡部晶、木下法也編著『概説近代教育史』川島書店、１９６７
・日本学術会議『日本の科学技術政策の要諦』（声明）２００５
・文部科学省編『平成17年版　科学技術白書』２００５
・理数系諸学会『教育課程等教育に対する改革の提案』２００４
・「我が国機械産業における知的財産戦略強化の取り組み」『機械工業経済研究報告書』２００４

〈2章〉

・Ben David Joseph 1977 "Center of Learning" New York. MacGraw-hill
・Donald Kennedy 1997 "Academic Duty" Harvard University Press
・John Sperling & Robert W. Tucker 2002"For-Profit Higher Education, Developing a World～Class Workforce"Transaction Publishers, New Brunswick, New Jersey
・Paulsen, Friedlich 1906 "The German University and University Study" Teachers College, Columbia University
・天野郁夫『専門学校』第一法規、１９７９
・天野郁夫『旧専門学校』日本経済新聞社、１９７９

・天野郁夫『近代日本高等教育研究』玉川大学出版部、1989
・天野郁夫『大学改革』東京大学出版会、2004
・黒羽亮一『臨教審―どうなる教育改革』日本経済新聞社、1985
・大学審議会『21世紀の大学像と今後の改革方策について―競争的環境の中で個性が輝く大学―』（答申）1998
・大学審議会『大学教育の改善について』（答申）1991
・大学審議会『グローバル化時代に求められる高等教育の在り方について』（答申）2000
・友田泰正「統計から見た日本の大学院―昭和35年～昭和46年」『大学論集』第2集、1974
・成田克矢・寺崎昌男編著『学校の歴史　第4巻　大学の歴史』第一法規、1979
・臨時教育審議会『教育改革に関する第四次答申（最終答申）』1987

未来科学と教育戦略―東京電機大学のシステムデザイン

2006年6月20日　第1版1刷発行

編　者　(学)東京電機大学経営企画室

学校法人　東京電機大学
発行所　東京電機大学出版局
代表者　加藤康太郎

〒101-8457
東京都千代田区神田錦町2-2
振替口座　00160-5-71715
電話　(03)5280-3433（営業）
(03)5280-3422（編集）

印刷　新日本印刷㈱
製本　新日本印刷㈱
装丁　鎌田正志

©Tokyo Denki University 2006
Printed in Japan

＊無断で転載することを禁じます。
＊落丁・乱丁本はお取替えいたします。

ISBN 4-501-62140-0 C1037